# 游戏能量

【让孩子玩好是天大的事】

熊钰 / 著

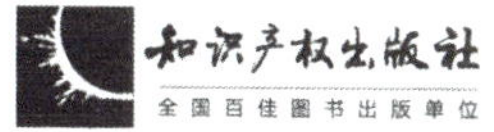

**图书在版编目（CIP）数据**

游戏能量：让孩子玩好是天大的事 / 熊钰著. —北京：知识产权出版社，2015.1
ISBN 978-7-5130-3221-6

Ⅰ.①游…　Ⅱ.①熊…　Ⅲ.①游戏课—学前教育—教学参考资料　Ⅳ.①G613.7

中国版本图书馆CIP数据核字(2014)第285963号

**内容提要**

此书讲述了一个“资深宝妈”与宝宝在玩闹中一起开心成长的故事。她在与宝宝的相处中被迫“自学成才”，发明了无数3岁到6岁的学龄前儿童喜欢玩，又能在玩的过程中促进儿童心理和智力快速成长的实用游戏。这些游戏简单易操作，适合爸爸妈妈陪着孩子一起玩，不仅能够激发孩子的学习兴趣，还能让他们在玩耍中掌握语文、数学、英语等许多学科的入门诀窍，从而爱上学习。

**责任编辑**：卢媛媛

**游戏能量——让孩子玩好是天大的事**
YOUXI NENGLIANG
——RANG HAIZI WANHAO SHI TIANDA DE SHI
熊　钰　著

| | | | |
|---|---|---|---|
| **出版发行**： | 知识产权出版社有限责任公司 | **网　　址**： | http：// www. ipph. cn |
| **电　　话**： | 010－82004826 | | http：//www. laichushu. com |
| **社　　址**： | 北京市海淀区马甸南村1号 | **邮　　编**： | 100088 |
| **责编电话**： | 010－82000860转8597 | **责编邮箱**： | 31964590@qq. com |
| **发行电话**： | 010－82000860转8101 / 8029 | **发行传真**： | 010－82000893 / 82003279 |
| **印　　刷**： | 三河市国英印务有限公司 | **经　　销**： | 各大网上书店、新华书店及相关专业书店 |
| **开　　本**： | 720mm×1000mm　1/16 | **印　　张**： | 13 |
| **版　　次**： | 2015年1月第1版 | **印　　次**： | 2015年1月第1次印刷 |
| **字　　数**： | 190千字 | **定　　价**： | 35.00元 |

ISBN 978－7－5130－3221－6

# 前言

——让孩子玩好是天大的事

此书讲述了一个“资深宝妈”与宝宝在玩闹中一起开心成长的故事。她在与宝宝的相处中被迫“自学成才”，发明了无数学前儿童喜欢玩，又能在玩的过程中提高智力和情商的实用游戏。这些游戏简单易操作，适合爸爸妈妈陪着孩子一起玩，不仅能够激发孩子的学习兴趣，还能让他们在玩耍中轻松掌握语文、数学、英语、地理等许多学科的入门诀窍，从而为小学打下基础，爱上学习。

孩子的问题层出不穷，那是因为他们每天都在成长。怎样解决这些成长中的“小烦恼”呢？就像作者在书中所说的一样：只要用心，就一定能创造出快乐的游戏，让孩子在游戏中明白事理、健全心智、增长学识。

作者还在书中用简单活泼的语言介绍了儿童心理、学习习惯、思维方式等，为家长答疑解惑，让家长更了解自己的孩子。

希望这本书能启发每一位家长，能够创造出更多好玩的游戏。让我们跟孩子们一起，在快乐的游戏中潜移默化地学习，让他们成长为更快乐、更优秀的孩子！

# 目录

CONTENTS

# 目录

CONTENTS

# 第一部分 学龄小心思

## 一 “宅”宝宝的转变

如果你已经错过了带着孩子从小在一群小伙伴中玩耍的时机；如果你没来得及让孩子学会主动地、坦然地去拥抱世界；如果你的孩子因为家人的过分呵护而对外面的世界感到畏惧……别担心，一切都会迎刃而解。解决孩子的小缺点，首先需要找到问题的根源，其次才能解决问题，让宝宝变得勇敢、乐观起来。

2011年6月，我家王小妞已经4岁零2个月了。在这之前，我是个很不称职的“宅妈”，因为姥姥和姥爷太给力了，以至我基本没太多参与管理她的生活，仅仅关注了一下她的智力培养方面。

王小妞在姥姥和姥爷无微不至的精心照顾下，虽然已经具备了普通宝宝所应有的智力和能力，却也还是存在很多其他问题。比如：第一，不会和不熟悉的人交流；第二，不会和小朋友交流。每次跟小伙伴们一起玩的时候，她是既渴望加入游戏团队，又苦于因不懂表达而无法和小伙伴们接触，进而也变得不爱上幼儿园；第三，嗜奶如命，不爱吃饭、

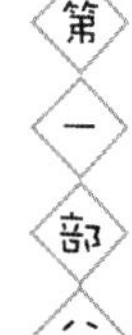

挑食；第四，每天出门就坐在儿童车里观光，没有运动的机会，因此骨瘦如柴、抵抗力差、经常生病；第五，抗拒睡觉，经常晚睡；第六，什么兴趣班都不想上，什么也不爱学，就喜欢天天黏着家人，仿佛是立志做个新时代“宅女”。

可以想象，多年对宝宝教育不管不问的我，突然发现了这么多问题后，那种震惊的感觉。我决定，立即开始参与“管理改造”王小妞的“革命”中。

我非常赞成一句名言就是：“对孩子最好的教育，就是让他（她）感到快乐。”怎么感到快乐呢？当然是玩儿啦。我决定带着小妞，开开心心地玩儿个够，让她在快乐中不知不觉地战胜畏惧、怯懦这些小毛病，勇敢成长！

我开始推掉别的活动，每天小妞放学后亲自把她从幼儿园接回家，带她和小区里的小伙伴们好好玩儿。但是，在这个过程里，我却发现了更多的问题。

在小妞和小伙伴玩了几天之后，我发现她总是扮演“边缘人”的角色，要么就是个“小跟班”，偶尔有了主意却不会表达；有很多游戏，她想玩但小伙伴们不乐意玩，小伙伴们想玩的游戏她又不想玩；遇到小矛盾，她也不懂与小伙伴们商量解决，却时不时跑到我这儿来投诉，要求我替她主持公道，小伙伴们也并没有从真正意义上接纳她。小区里的小伙伴们自然地形成了一个个小帮派，甚至有一个小男生扬言要“保护”所有女生，唯独没有她。看到她失落的样子，让身为妈妈的我心里也很不是滋味，有点自责。

另一个更棘手的问题是，刚刚开始带孩子的我面对这些情况根本无所适从，因为没有经验，我觉得很自卑，完全不懂应该加入“妈妈帮”，向有经验的妈妈讨教。

这里解释一下，“妈妈帮”是后来我才明白的一种很普遍的现象：当孩子们时常在一起玩耍后，他们的妈妈们就会围成一个圈，在看护孩子的同时不停地交流经验，互相学习，取长补短。对于我这个既无经验又无见地的“新人”，她们会时不时好心提醒我别管了，让小孩自己去处理等……王小妞在我身边来来回回地穿梭告状，时不时还因玩得不尽兴而哭闹，旁边还有其他妈妈们的“监视”与指点，再加上宝宝没有社交能力而感到的难堪，这一切都让我顿感“压力山大”。

由于实在是不知该怎样和“妈妈帮”接触，也不知道怎样帮王小妞融入她的“团队”，更不知如何引导王小妞和小伙伴们开心地玩，玩得尽兴，我只好向老公求助。

经过我的软磨硬泡，老公终于出面陪我一起“考察”了两次，但考察完之后，他不但没给我出什么好主意，还对我提出诸多批评，并下通牒说：“‘妈妈帮’里的妈妈们聊天，你不要老是随声附和，要有自己的见解，否则人家看你什么都不懂，以后就不跟你探讨了。万一出现这种问题，孩子会跟着一起受责难的！”

这……这真是难为我啊，我确实不知道该跟她们说什么啊！什么都不懂，又没有可以分享交流的经验，哪有什么谈资啊！看来，要完成这项艰巨的任务，还得先充电啊！

## 1、孩子爱上幼儿园，广阔天地第一步

### A 初战告捷——找个贴心小朋友

孩子没有好朋友，每天上幼儿园前哭闹不止，甚至在幼儿园门前满地打滚。有什么好办法让她喜欢上幼儿园呢？

为此，我开始夜里恶补教育常识，日常遇到问题就上网到各大论坛找不同的解决途径，并看了几百篇育儿文章和几本理论书加以实践。最后发现，理论和实际相差甚远，很多理论与王小妞的个性基础不同，根

本不能一概而论。于是，我决定从实践着手，想出自己的办法。

我开始尝试让王小妞去加入小区里一些陌生孩子的“团队”。但实际效果是，虽然小妞很想加入，但只要走到距离小伙伴们一米多远的地方，她就忽然“望而却步”，不敢向前参与了。我也试着鼓励她，但无论如何，她就是不肯再往前迈出一步。唯一一次连哄带蒙地让她问了一下，能不能加入“团队”，但人家一问她会玩什么，她就又不知如何作答了。

在不停地寻找合适的实践场地和团队时，我终于锁定了小区门口的一个“小组织”。这个“小组织”里有一个叫妮妮的小女孩，性格阳光，开朗热情，曾经有一次我心血来潮带宝宝下楼玩耍时，她被玩具吸引过去，和王小妞玩过一会儿，算是比较熟悉。妮妮有几个忠实死党，都是性格开朗的小男生，她的妈妈始终跟随，但不善言谈。而其他男生的妈妈们已经开始让他们独立活动，并未跟随，这让我顿感轻松。于是我赶紧带了些新鲜玩具，用“引诱”的方式送王小妞加入了这个组织。

因为妮妮年龄稍大，加上性格真的很外向，几天时间内不但处处让着王小妞，还时不时拉着王小妞一起玩耍，让我甚感安慰和感激。他们的游戏后来被王小妞评论为“比较复杂而且有趣”，很有吸引力。加之有妮妮带领，小妞很是受用，连续几天都玩得很尽兴。我正庆幸有投入就有回报，带的玩具竟然成了新的突破口时，新的问题又出现了——王小妞爱玩的游戏小伙伴们都玩腻了，而如跳绳等很多新的游戏，王小妞因为技巧、能力不足没法参与；或者小妞会因为玩游戏时总是输而沮丧，中途要求离开，不想继续；加上小团队内部还有些小小的“斗争”……对于有经验的妈妈来说，小伙伴们之间的小“斗争”，拉拽、抢夺玩具等现象是非常常见的事情，喜欢抢玩具是小孩子的通病，没有必要上升到什么高度去责备。而王小妞又开始了漫无边际的“投诉”，吵得我脑仁疼：“我要玩捉迷藏！”“我要玩老鹰捉小鸡！”“这个游戏我不玩，我总是输，我不会！我不要玩这个！”……咋办？小伙伴们不爱玩，我自然不能强迫，何况我在小朋友们面前也没什么公信力啊。

唉，工作挑战性很强，还得想辙啊！

## B 储备战资——想玩好需要动脑子

思考了很久，觉得首先要解决的问题是如何让孩子更好地融入团队，以及提高和团队互动的质量。在无法掌控其他团队人员的情况下，我只能先从互动的内容开始研究，让王小妞的加入对其他孩子能更有吸引力，让团队的互动更有趣，继而再去解决其他细节问题。

回到家我就开始收集资料。经过几天思索、考察，我想出了100多个户外游戏，然后再对这些游戏进行精细的加工，使内容更丰富，并把不安全的、竞技性太强的游戏逐一删除。另外，还要考虑到小伙伴们的体能等实际能力，维护好小伙伴们小小的自尊。经过筛选后，留下了最适合孩子们玩的团队项目。

根据这些游戏设计，我到网上一一去搜寻配合游戏的工具，每个品种购买3~8个，避免小伙伴们之间出现争夺，让他们有充足的选择。像怀旧沙包、橡皮筋、竹蜻蜓、拉拉球、化石、小风筝、地书笔、纸质灯笼等我们小时候最挚爱的游戏物品，还有风靡当下的充气飞碟、安全软泡沫飞盘、迷你陀螺枪、美国环保EVA玩具、滑翔机、吸盘式飞镖、气压软弹枪以及斯尔福软剑等，我全都准备好了。

我们可不是富二代，这些玩具看起来五花八门，种类繁多，其实每件的价格从几角到二三十元，非常便宜，就算买上一大堆，也花不了多少钱。我觉得能让孩子动手、动脑的玩具，比那些动辄上百元上千元的芭比娃娃、变形金刚什么的，要强太多了。而且这些玩具需要小伙伴们一起玩，才能玩得更开心。在玩耍中，不仅能锻炼身体，还增进了感情。这性价比真是太高啦！

准备工作进行到这里，我摩拳擦掌，蓄势待发，憧憬着王小妞与小伙伴们玩游戏的精彩过程，想象着他们的欢呼雀跃，我一宿都没睡好觉。带着小时候春游前的兴奋、焦躁等复杂心情，我们终于进入了实际演练阶段。

实际和想象永远相差甚远。30多个精心筛选的游戏项目还没进入实操阶段，刚到楼下，就被妮妮的5人团队毫不犹豫地枪毙了10多个，理由是——“不好玩！”例如“学动物叫声”“找伙伴”“大风吹”“开火车”等游戏全被砍掉了。

我终于发觉，现在的孩子因为游戏种类的丰富，对游戏内容要求真的很高，想更好地融入孩子们，也确实需要会更多“本领”。但是，我一个饱经风雨考验的大人，能被这些身高刚刚一米开外的小精灵们击垮吗？我才不会气馁呢，我会再接再厉！

于是我说：“孩子们，要不咱们先玩个猜谜语比赛吧，我看看你们几个谁最聪明，然后就让他（她）拥有第一选择游戏权！”

哈哈，看着我手里拿着的游戏秘籍，他们毕竟还是迈不出离开的脚步，孩子毕竟是孩子，让他们缴械投降还是很容易的嘛。只要你的准备足够充分，总有一种方法能够“诱惑”成功！

“五个兄弟住在一起，名字不同，高矮不齐。猜一常见器官。”我用手机提前下载的几个简单谜语打开了尴尬局面，孩子们争先恐后地叫嚷起来。通过一轮竞猜，一个聪明的小孩拥有了“第一选择权”。她选择了“竹蜻蜓比赛”。

“竹蜻蜓”是一种玩具，用手心一撮，就可以飞上天。比赛是比谁的“蜻蜓”飞得高且远。在游戏的过程中，除了意外挂在树上的一只“竹蜻蜓”，这个游戏效果相当得好。

紧接着，猜谜的第二名获胜者从我的游戏秘籍里选择了“跨栏比赛”。我赶紧配合着，用一根皮筋轻轻拴在两树间，给孩子们做好场地布置等后勤工作。拴皮筋时需要放松一点，增加皮筋的柔韧度来保证安全。不过，这个游戏开始时并不是很顺利，孩子们年龄虽然只相差两三岁，但体能差异太大，王小妞总是输。尽可能规避的问题还是提前出现了，王小妞开始对这个游戏产生抗拒，吵闹着要回家！而这时，孩子们正在兴头上。

我被王小妞打击得够呛，眼看一番心血还没看到前景就要夭折了，我灵机一动，说："刚才是模拟比赛，现在比赛正式开始！请大家按4岁组、5岁组、6岁组分别站成3排，三个小组要开始进行年龄组对抗赛了。哪个小组成功跨过的人多，就算获胜。"

比赛时，我按照年龄组相应调整了皮筋的高度。哈哈！这次在我的精心安排下，4岁组的女儿获得了和6岁组打成了平局的好成绩。我旁敲侧击地鼓励她一番，她就像打了兴奋剂一样，满脸骄傲，并且一下子变得兴致十足。

之后我们又玩了"砍包""地书笔写名画画大赛""红绿灯""接力赛"等游戏。就这样，孩子们在我精心准备的游戏中井然有序地玩着，再也没有产生太大的争执，也没有出现因为体能而无法进行的项目，更不会出现以往小妞因为不合群而被"排挤"的情况了。在小伙伴们精疲力竭的时刻，夜幕也悄然地降临了。

"该回家了！"

我的号令刚下，孩子们就抱怨着："这也太快了吧！"

我笑了，女儿也气喘吁吁地跑过来依偎在我身边。我说道："好了！天黑了，再玩就不安全了，太晚回家的话，以后爸爸妈妈该不让你们出来了。听话，我们约好明天早点来，好吗？"

孩子们看我去意已决，也不再反驳，在一遍遍的"阿姨再见"的呼声中，孩子们各自回家了。

这一天把我给累得，回家都有点说不出话来了。女儿虽然精疲力竭，回家以后还是兴高采烈地向姥姥姥爷炫耀她的战绩："姥姥，我今天赢了6岁小孩，你不信吧？不信明天我们比赛你下楼看看。"临睡前，女

儿还嘱咐我说："妈妈，明天我还要玩跨栏，还有……"疲惫的王小妞在我的不停承诺中酣然入睡。睡前，我又看看我的游戏单，设计了第二天的游戏节目，尽可能让孩子们保持新鲜感，希望能坚持到我所期待的胜利。今天，属于我们的成就是：小妞的抱怨减少了，敢于参加游戏了，还学会了很多新游戏。

### C　迎接胜利——主动与小伙伴们打成一片

第二天，在从幼儿园回家的路上，就碰到了一起玩的小朋友问我："阿姨，你们几点下楼啊？"在孩子们的催促下，刚吃完饭不久，我们就赶紧下楼，继续第二天的新活动了。

今天的第一个游戏是："动物找妈妈"。

我取出提前做好的几对不同动物的卡片，让他们模拟动物的声音找队友，先找到的队赢。之后又相继玩了"接力赛""撕报纸""独脚站立比赛""木头人""丢手绢""老狼几点了"等好玩的游戏。另外，我还在跑动游戏中设计了抢答算术题奖励环节，或者回答谜语。

设计这样的游戏，是因为有专家考证，让孩子们在运动的同时开动脑筋，可以有效地锻炼他们的身体协调性，并开发右脑。

这一天，为了弥补第一天玩耍后的草草收尾，孩子们意犹未尽的难过，我让他们用我买的指星笔照射到天上找星星，对他们喜欢的星星做了"认领"和"起名"，顺便讲了些牛郎织女和魔蝎燃烧自己成就他人的故事。孩子们对我发明的新奇游戏赞叹不已，彻底折服了，他们开心地叫着、笑着……

在以后很多天的活动中，作为"编导"的我自然可以适当照顾王小妞，比如"特权"转移，告诉他们借道具需要跟王小妞申请。小朋友们开始主动和王小妞互通姓名，借玩具。王小妞找到了突破口，一下就树立起了威信和自信，角色从"跟屁虫"和"绿叶"转移到了核心地带，不时和孩子们一起商量今天玩什么，尖叫频率越来越高。

谁说现在的城市生活没有农村大杂院的欢乐？我们怎么能够放任孩子孤独地长大？没有伙伴的童年是多么灰暗啊！

有一天，王小妞竟然抛下我，远远地就呼叫着好朋友的名字，大喊着“我来了”飞奔过去。小妞彻底摆脱了独自面对小团队的畏惧心理，也越来越喜欢到户外集体活动了。

经过四个多月的改造工程，王小妞变得越来越开朗，越来越自信了。在生活上，吃的饭也多了，身体变得更有力量，不怎么生病了。更可喜的是，她开始爱去幼儿园了。而我，每天要在王小妞和小伙伴们的催促下，准备新一天的游戏。令人意外的是，很多家长也成了我的“粉丝”，经常来向我讨教游戏攻略或咨询玩具购买事宜。这也自然而然地解决了我当时还不太会和她们交流的窘境。

后来，我把这些方法整理了一下放到我的新浪博客上，不仅很多家长反响强烈，甚至有几个孩子有自闭倾向的家长通过QQ联系上我，按照我的方法效仿了3个多月，说他们的孩子不管是性格上还是行为上都有了明显的转变，变得开朗自信了。把自己的经验分享出去并给别人带来帮助，这让我感到非常欣慰。

其实，我们能真正陪伴孩子参加集体活动的机会很少，家长们现在多用一点心，或许会使孩子们在今后脱离我们保护的时候更安心。

现在经常见到一些新闻，要求教育改革，推行“快乐教育”“素质化教育”，对学校和老师提出的要求越来越高。

我也是一名家长，但我认为，作为家长，不应该把教育孩子的重任过分地推给学校和老师，而是应该多陪伴孩子，多与他们一起快乐玩耍，开怀大笑，通过简单的游戏，传递给孩子社交的能力、乐观地解决问题的态度以及一些安全防范的常识。

很多有这个意识的家长会从小就带孩子频繁接触小伙伴，让孩子在

潜移默化中学习与人相处的能力，这当然最理想。但如果你的孩子错过了和小伙伴一起长大的机会，不要一味在家用言语教孩子怎么交朋友，而应该带着他（她），身体力行地去教他（她），用实际行动补上这一课，让孩子真正地、发自内心地敢于面对社会和集体。

### D　主动出击——配合孩子的勇气，无谓输赢

一切似乎很顺利地步入了正轨，没想到王小妞却有了更高的追求。

有一天看完电视，王小妞突然郑重地告诉我，说她也要去参加儿童节目。

为了不打击她的积极性，我决定抱着试一试的态度，打了电视台的咨询电话，然后按照要求报名，填写申请表，拍照片……但结果是石沉大海。我只好慢慢做心理辅导，告诉小妞机会渺茫，试着让她懂得不是做了就一定会成功的道理。没想到，就在我们渐渐忘记这事的时候，电视台打来了电话通知面试。

这个时候我们面对的最大困扰是，尽管王小妞不再畏惧跟小朋友们的接触，但独自面对陌生人时，她会不会显得不够自信呢？电视台的面试是在不透明的房间里，让孩子单独对评委老师展示才艺的，本来王小妞就怯场，还能唱歌、背诗？对于这个前景我实在很不看好。

我苦思冥想地编了一套“电视台领导都是幼儿园别的班的老师，只是在不同地点工作”等善意的谎言，似乎还真打消了小妞的很多顾虑。

面试当天，我惴惴不安地把王小妞送到了电视台。在她走进面试室关门的刹那，我听到一声羞怯的“老师好”，心里多了很多安慰，这至少证明她勇敢地走出了第一步。

面试结束后，我迎来了意想不到的惊喜。别的宝宝们面试完直接被妈妈领走了，而王小妞出来后，两个工作人员把我们邀请进去，告诉我们在这一批里，王小妞的表现最出色、最勇敢，被暂时录用，希望我们

再多些准备!

其实，之后的面试结果真的不重要了，重要的是，通过我们的努力，小妞已经克服了对陌生人、陌生环境的恐惧，能够自然地展现自己的个性和才艺。这是很了不起的突破和超越，这才是我们参加面试获得的最大的成功。

## 2、玩起游戏不怕输，信心全靠巧游戏

### A 怕输的原因

孩子们相处时，一些比较胆怯的小孩往往会出现以下问题：不被团队接纳，游戏怕输，不敢发表意见，不懂与小伙伴们商量，爱哭闹、爱告状，在游戏活动中总是陪衬……

遇到这种情况，家长该怎么办?

以上的章节曾经提到，我为带王小妞克服胆怯、融入小伙伴群体，曾经设计过无数游戏，以便于帮她顺利融入。但在实际游戏中，依然会出现各种问题，这种情况虽有改善，但并未获得完全地解决。

如果说我前面的方法着重借助了外力（游戏）的作用，那现在就要着手解决孩子自己的心理问题了。

开始的时候，因为孩子怕输，我尝试用书中介绍过的一些比较简单的办法，不能说完全没有效果，但只达到了表面的缓解，问题并未真正解决。比如，当她在游戏中快要输了的时候，她便不再守规矩，执意退出，孩子们便一哄而散。我对小妞进行心理辅导，告诉她团队规则的必要性和不守规矩的后果。其实让孩子明白道理很容易，可毕竟年龄还小，真到了不合自己心意时还是会继续任性，不能承受输的“痛苦”。但

我总不能等她长大后再解决这个问题吧！有什么好办法能让游戏的氛围更加和谐，能让孩子增加面对输赢的勇气呢？

一次，玩“老鹰捉小鸡”游戏时又出现了状况。其他孩子当“老鹰”时总是能轻易地捉住王小妞，而王小妞当“老鹰”时因为年龄小，腿短，跨步太小而抓不到别人。于是时间一长，王小妞就急了，哭闹着要求回家。

我灵机一动，想到了一个改善游戏的方法。我从玩具箱里找了一把软泡沫做的斯尔福“尚方宝剑”，让小妞拿在手里，用以延长臂长，然后再把游戏更名为“西游记降魔抓妖大赛”。女儿被冠名“铁扇公主”，其他小朋友也各自有“孙悟空”“牛魔王”等称号，场地为火焰山。这个变异而来的游戏实际上还是“老鹰抓小鸡”的套路，但在“尚方宝剑”的帮助下延长了小妞的手臂所及，能让她更容易抓到人。这样就解决了年龄小、身高矮的孩子玩游戏时的弊端，使他们更有参与的热情，也保证了游戏能顺利进行下去。

所以，当孩子们玩游戏出现问题时，家长不妨多动点脑筋，改变一下游戏的形式和环节，把游戏变得更加生动，以此来调动孩子们的积极性。

竞技游戏也是一样，家长可以把孩子们按照年龄、体能等情况重新编排，适当地改变游戏道具，以此来解决一些客观原因引起的问题，让不同年龄段的孩子都能相对公平地参加游戏。例如，跨栏分年龄组来调整不同高度，赛跑按男女生划定起跑线，尽可能地让孩子们参与游戏时都能有机会感受输赢，体验乐趣。

在有了赢的机会后，孩子会一次比一次敢于面对和承受失败。

要知道，很多孩子开始的时候惧怕输，是因为他们内心深处不相信自己能赢。因为他们还没尝过赢的滋味，自然就没信心继续尝试了。

那么，当我们改变了输赢的概率后，是不是孩子怕输的问题就能全部解决呢？我不能打保票可以完全规避，但是显而易见，如果你能引导孩子更多地参与进来，让他（她）有更多面对输赢的机会，而不是任其哭着自我放弃，那么他（她）肯定就越来越容易接受游戏总会有输有赢的现实。

王小妞现在早已不那么惧怕输了，只要有赢的机会的活动，她都敢于参加。现在她不敢参加的活动，大多是学校某些特殊技能的比赛，或者拓展的某些项目，只是因为从没玩过，没有勇气尝试，而不是出于怕输的心理了。在后来的日子里，王小妞还有了很多创意，让这类游戏中的“老鹰”不再无人问津，让“老狼”不再因为抓不到人而总是沮丧。

### B 推动改善

为了让王小妞变被动为主动，我还发明了很多游戏，并提前教会她游戏规则，让她在第二天负责给小伙伴们讲解。这样就解决了孩子没机会说话的问题，还能练习她的口才，顺便让她增加自信，变得勇敢开朗。

其实孩子不敢在团队里说话主要是由于心里没底，不知道自己说的话是不是能得到认可和响应，你只要把大家爱听和需要的话提供给她，她自然就有底气开口了。千万不要强迫她，用“你去说啊，怎么这么笨呢，有什么难的啊，不就说句话吗”来催促她。

我刚开始让王小妞讲解规则时，因为她的胆怯，羞于开口，不断退回到我身边说：“妈妈你来讲吧，我不说。”于是，我装成求助的样子很遗憾地对大家说：“呀，我实在是忘记了呀，要是王小妞不说，咱们就玩不成了，真惨！”然后，小伙伴们自然就不会放过王小妞，为了能马上玩新游戏，孩子们会恳求她讲解，他们的鼓励可比家长的劝说效果好。王小妞果然中计，看到被小伙伴们需要，立马就有勇气说话了。

就这样，王小妞变得越来越有自信了。她从见同学都不敢打招呼，变得会主动询问新伙伴的名字，甚至到大家有争议的时候，她还能出面

提供解决方案。比如，她会利用石头剪子布、手心手背或者“从小到大”顺序等处理方法来进行疏解。

王小妞在接下来的三年，朋友圈不断扩大，甚至13岁的“大朋友”也会和她一起玩墙壁射箭、小球投篮、羽毛球比赛等游戏。她的组织能力也在这三年多的培养中不断提高，由手足无措地完全听人指挥，到可以自己编排游戏、节目、出主意、提方案，是个创意十足、很有人缘的小朋友，大家都喜欢找她玩。现在她会经常邀请很多朋友到家里来，小伙伴们一起品茶看书，练习书法，涂涂画画，还会进行手工实验，室内合奏等。她会玩的游戏多了，也学会了自己创造游戏，让朋友更乐意和她在一起，让玩变得更丰富。

在这里，我需要提醒家长们几个注意事项。

首先，如果你的孩子现在还没有固定的游戏团队，那么你带领孩子融入团队之后一定要跟进一段时间，细心地观察孩子在和同龄人的游戏中存在什么样的问题，想出能巧妙地解决这些问题的办法。不要不管孩子，光站在一旁跟其他家长聊天；也别怕辛苦，孩子们都是需要磨合的，需要家长进行正确的引导，而且在这个过程中，你能在自家孩子身上发现很多问题，有机会及时去纠正他（她）。

其次，要教给孩子解决问题的方法，也要影响孩子形成积极面对问题的态度，不要去替他们解决所有的问题。比如，教他们建立一种规则去解决争端，比如“石头剪子布”或者猜手心手背，以此来决定玩游戏时的顺序，后面他们很快就会自己处理了。孩子们的学习能力是非常强的。如果孩子在与团队互动时爱告状、爱哭、撒娇，家长要发现这些行为背后的原因，推动孩子自己去克服困难。

我创作的这些游戏，并不是每个家长都能照单全收，也并不适用于所有的孩子。当然，大部分接触过我设计的游戏的家长，都反映用我的办法能解决他们孩子的问题，起到了一定的作用，但也确实有孩子对这些游戏并不感冒，毕竟每个孩子的喜好不同。所以，我还是真心建议家长们，多观察自己的孩子，了解他（她）的个性和想法，然后结合自己孩子的情况和需要，多动脑筋，去创造或改造更多专属于你们的游戏。

例如，我上面介绍的名为“老鹰捉小鸡”的户外游戏，可以在孩子们的跑动中加入口算。回答正确，可以“抵命”。这样既增加了游戏的趣味性，锻炼了身体，练习了合作，又在比赛过程中顺便巩固了数学基础。这也正好符合了现代教育注重同时开发左右大脑的理念。但对于有些还没熟练掌握口算的小孩，这个创意就会让他们反感。

所以，适合自己孩子的游戏才是最好的，而怎样改进游戏方式，让它更适合自己的孩子，就要靠家长来开动脑筋了。好的游戏就像“成长小帮手”，可以让孩子玩着的同时吸收更多知识。

其实，游戏和玩本身就比单独灌输知识更能锻炼孩子，能培养孩子的交往能力、表达能力、竞技能力以及心理素质。甚至可以说，游戏能培养孩子在未来社会中的“生存能力”。只要家长肯用心观察孩子，多开动脑筋，多带孩子一起玩，一定能发现“游戏学习法”的魔力，收获满满的“游戏能量”。

我也希望我研究的游戏能抛砖引玉，启发更多的家长也和我一起发现新的好玩的游戏，让我们的孩子既玩得开心，又能得到锻炼。

## 3、孩子争议要处理，游戏氛围要公平

孩子们的世界很纯粹，容不得半点作假。家长们如果希望孩子能够更好地融入团队，就必须要注意这个问题。

在我组织游戏时，有时候家长会因为怕孩子输，会让孩子“故意犯规”，推着孩子提前起跑、越线，总之是各种破坏规矩的做法，甚至跟我

求情，不要算孩子输。最初，我总是碍于面子，不好意思回绝。

记得有一次，平时很要好的两个男孩一直闹别扭，使游戏很不顺畅，直到最后两人打了起来。

为什么以前关系很好的小伙伴，今天一直像死对头一样呢？

休息时，我和他们两个谈心才知道，其中一个孩子因为对方在家长的带领下犯规，而我又没有及时制止，于是耿耿于怀，始终在找茬打架。

那次小事件对我的震动很大。孩子最在乎的是公平，你想让孩子们听你的，玩得服气、开心，就一定要按规矩办事。即便实在想要变通，也必须有可信的理由。比如，确实需要让自己的孩子让着另外一个小孩，你可以说是因为对方年龄太小，或者因为他（她）今天生病，将其归于“特殊范畴”。孩子们都是很善良的，只要理由充分，他们还是能理解并让步的。

再比如，我购买的玩具，小朋友们一般会让我女儿先玩，因为女儿是玩具的主人，有优先“使用权”，这样的理由他们可以接受，就能耐心排队。但如果两个小伙伴本来在争执，家长又强行让他们礼让，他们就会因为不服气，把本来的小事闹到更严重的地步——即在之后的游戏合作中矛盾升级。有一次，就有两个小男孩为了玩具发生了吵闹，他们跟我投诉说，东西是我女儿的，王小妞可以先玩，但他们两个人应该以公平方式竞争后获得先后顺序，而不是强行被指定顺序。

后来我还发现一个有趣的现象，不管带孩子们出来玩的亲人是谁，当我带他们玩游戏产生纠纷时，他们绝对不找自己的家长，而是找我处理。

后来我才知道，原来孩子们找自己的家长解决问题时，家长不是偏心自己的孩子，就是会顾忌到别的孩子家长的面子，让自己的孩子受点委屈，从而有失公平。因为很多妈妈是好朋友，不好意思以公正的方式处理孩子的问题，孩子发生纠纷时也不管规则与公平，一概让自己的孩子谦让，孩子很委屈又不敢反抗。只有我在孩子们中间是比较公平的处置者，对女儿也一视同仁。所以，当孩子们之间出现问题时，他们寻找的不是有爱的外援，而是一个公正的“裁判者”。

## 二 游戏读心术：读懂孩子的小“谎言”

之所以在“谎言”上面加引号，是因为孩子还小，对说谎没有概念。可能他们说的话与事实不符，但那跟真正的说谎是不一样的，跟道德感什么的也不能挂钩。很多情况下，是因为孩子太小，表达不清，或者是错误表述，错误传达，羞于启口，言不由衷，避不开口，从而造成了孩子说的话与事实不符的情况。

遇到这种情况该怎么办？我们可以用游戏来破解这些小麻烦，用游戏来“盗取”孩子的“心理机密”，洞察他们的真实想法。

在下面的章节，我会陆续介绍有助于孩子为入学做准备的游戏，以及能够帮家长洞察孩子的内心，让你对孩子更了解的游戏。包括地图游戏、户外游戏、比赛游戏、数学游戏、语文游戏、理财游戏、艺术游戏等学前教育类游戏，以及提高孩子准确表达能力的类比游戏和“看病游戏”。

## 1、身体难受苦表达？“看病游戏”帮妈妈

孩子肯对你说“心里话”，其实并不能代表他（她）对你完全信任，而有可能是因为你的再三询问，让他（她）不得不做出回应。这是一种被动的状态。

还有一种情况，是孩子的确想要主动向你倾诉，但基于表达能力有限，话说不清楚。

我通过不懈的努力，终于找到一种能开启孩子心门，让他（她）能自然、准确而流畅地表达自己的方式——游戏。

身为一个妈妈，最怕的就是孩子生病。那么小的孩子，即使身上哪里难受，她也说不清、道不明，让当妈的心里别提多难受，恨不得代替孩子生病。

王小妞生病的时候，除非很有生活经验的姥姥细心观察出她的不舒服，询问之下才会知道她生病；或者她非常难受，忍受不了了，才会尖叫要找医生救她，其他情况下她要么是因为玩起来忘了身上的小小病痛，要么是不知道怎么表达，总之是闭口不提。

还有，她惧怕医院，特别怕去医院打针，所以在生病的时候能瞒则瞒，死活不肯去医院看医生。

发生这些情况时，家长准确掌握孩子的身体情况是很重要的。如果能确切地明白孩子的难受程度，做到心中有数，有些小毛病可以帮他（她）揉揉捏捏，喝点热汤，好好休息等办法，很快让孩子恢复健康，确实没必要非要去医院打点滴。但孩子到底难受到什么程度，怎样让他（她）准确描述呢？

有一次玩“过家家”，王小妞滔滔不绝地对芭比娃娃讲述家里刚刚发

生的实际事件。我马上获得了灵感。后来，当王小妞不舒服的时候，我就试着跟她玩“看病游戏”，自己扮演医生，让她扮演“妈妈”。我会拿着玩具听筒，在她抱着的芭比娃娃身上这里听听，那里探探，问得特别细致：“这小娃娃头痛不？嗓子疼不？是不是肚子难受了？娃娃想吃东西吗……”尝试若干次。

说来奇怪，孩子自己说自己会表达不清，但描述“小宝宝”的病情是出乎意料地全面准确。她不仅能通过芭比娃娃详述自己的状态，甚至还会说出自己的希望，比如娃娃很怕打针，能不能给她吃药；或者是娃娃前几天也肚子疼来着，喝点热汤就不痛了，等等。家长可以根据孩子反馈的情况因势利导，获得更多信息。

另外，要取得孩子的信任就不能骗他（她）。

王小妞小的时候我不懂这些，曾经骗她说打针不疼，所以导致她一直很惧怕打针。后来，我试着如实地告诉她，打针是会有点疼，但那种疼就像被蚊子叮了一下，很快就消失了，不会像头痛、肚子痛一样持续很长的时间。我还跟她讲，我小时候打针也怕过，后来觉得生病要难受那么长时间，打针虽然疼那一下，但是能把病很快治好，病好了就能继续去玩，所以我渐渐地就不怕了。一旦去掉了这种害怕的感觉，打针就更不会觉得有多疼了。王小妞听得将信将疑，但很明显对打针不那么害怕了。

后来我又想了一个办法，在王小妞打针的时候，给她放音乐。加拿大的艾伯塔大学曾经做过一项研究，42名接受打针的儿童在注射过程中，一部分儿童的注射过程中播放了音乐，另一部分则没有放音乐，经过比较得出的结果是，听音乐的孩子76%都特别配合医生，而没听的只有38%的孩子配合。我自己尝试后也确实感觉音乐的辅助效果真的不错。

现在王小妞已经不怕打针了，即便依然不喜欢，但再也不会因打针而哭泣了。她身体不舒服时，也会明确地表达出来，甚至自己就像个

“小医生”，有点头疼脑热，会跑过来跟我念念有词：“宝宝早上可能吹了风，头有点不舒服，妈妈给揉一揉就好了。”或者，“要赶紧吃药，不然再严重点可能就得去打针了呀”。生病了能自己表述清楚，真的能让家长省心很多。

## 2、孩子告状要辨别，从小情商培养高

幼儿园或学校是家长最想了解的地方，因为不在孩子身边，所以更想知道孩子和其他小朋友相处的情况，上课学习的情况，和老师互动的情况等。

在王小妞四岁之前，我几乎没怎么管过她，更很少接送幼儿园，根本不知道老师和同学们的名字，想了解情况都无从问起。有时候笼统地问几句，即使孩子好不容易想说，也说不清，而且还会给你一些不够准确的信息。例如，她偶尔会说有小朋友老欺负她，但她没有受伤过，精神状态很好，看监控没发现问题，问老师老师也说一切正常，所以我也将信将疑；偶尔她会说起两个名字，我于是试着提醒老师，老师却说是那两个小孩比较好动，并不是真的欺负她……然后就不了了之。但这样的情况如果家长不了解清楚，就会和别的家长发生很多误会。

先说说曾经遇到的问题吧。

带王小妞参加过一次春游活动后，通过与孩子们的接触，我才发现，她提到的经常欺负她的那个男孩非但不是欺负她，分明是喜欢她嘛！那个小男孩不停地叫王小妞的名字，还在她身前挡住她前行，并且把她准备喂动物的草抢走一半——但不是从她手里，而是从她放在地上的口袋里抓走的，始终没有一丝过激行为，而且还是笑嘻嘻的。大人一看就会明白，这是淘气小孩在“逗闷子”，而且完全是出于喜欢她才这么做。但那时的王小妞还不会交朋友，对男孩充满防范，一言不发，扭头

向我求助。

之后我继续观察，正好看见一个大概三岁的小女孩一直在玩秋千，等她下来后，王小妞就走过去了。等王小妞上了秋千，那女孩马上就把她推下来，自己又坐了上去，还狠巴巴地瞪着王小妞。而她奶奶在一旁坐着，一副若无其事的样子。

那个时候我刚开始带孩子，还不太会处理和孩子家长之间的关系，加上对方又是老人，我也就没有吱声。后来的三年里，我经过参加大量的家长联谊活动，和其他家长们频繁地接触，总结了一些和家长、老师相处的经验，会在下面的文章里和大家分享。

春游回到家后，我就根据这两件事情，跟王小妞分析了一下“恶意欺负”和“小打小闹”之间的区别。比如，妈妈、姥姥有时候做一些类似于揪她小辫子的动作是喜欢她，而不能算欺负。我还给她演示了哪种状态的眼神、表情不属于“欺负”的范畴。然后，我让她根据上述理解，分析了他们班同学的一些行为，她就说很少有欺负她的人了。

这次谈心后，她对人的戒备之心小了很多，对她后来的“幼儿园社交”起了至关重要的作用，后来她还和几个以前老爱“欺负她”的小孩成为了朋友。更有意思的是，这几个在她眼里爱“欺负”她的小孩还经常保护她，为她打抱不平。

王小妞很爱老师，觉得老师也很爱她，我也确实在后来的接触中发现她的老师真的很不错，即便她更留恋家，但放长假的时候还是总会想念老师。尤其是刚开始她还不会和小朋友交往，就更喜欢黏着老师。尽管如此，偶尔她回到家里会“投诉”老师没给她吃饱。

这种情况我当然不信了。耐心询问老师后，才知道是老师问她吃饱了没有，她自己不好意思说实话，老师就以为她饱了，没有再给她添饭。再有，有时回家她汗流浃背的，问她为什么不脱掉多穿的衣服，她说老师不给脱。结果和老师沟通之后才知道，是因为她自己不提。有段时间，她又不爱上幼儿园了，回家还总是照镜子，问我她是不是很难看。我很奇怪地问她是不是同学说什么了，她却矢口否认。再三旁敲侧击地询问，她就是闭口不谈。后来在玩游戏时才套出了她的实话，原来是她班上有个小男生说，因为王小妞家里没有奥特曼，所以王小妞是最穷最难看的小孩……

其实毫不谦虚地说，王小妞的玩具几乎是她班上最多的。虽然不应该盲目攀比，但是家里条件好，给孩子的玩具预算本来就很多，不买这个也是买那个，我于是把召唤器、变形金刚、奥特曼和蜘蛛侠全买齐了，让小妞带到幼儿园跟小伙伴们一起玩。我也找到老师，希望老师能提醒孩子们，不要比较玩具的多少，或评论相貌难看与否，毕竟这样做不礼貌。王小妞虽不属于长得特别漂亮的孩子，但也绝对不算难看。

老师后来对所有的小朋友说："只有知识多、心灵美的小孩才最漂亮，班上没有不美的小孩。"之后，王小妞回来就开心多了。

其实我很早就跟她说过，有知识、优点多的孩子才会让人喜欢，并举例哪个女孩漂亮，但因为没有礼貌就不够美，她也一直很清楚，但那次还是陷入深深的自卑中。这是因为小孩子的承受力跟大人是不能比的，所以，当孩子在幼儿园出现了问题，就一定要和老师一起沟通解决。当然，这样做的前提是孩子们能向你倾诉出现了什么问题。问题解决了，孩子上幼儿园明显会快乐很多，家长也会很欣慰。

经过这些事件，我更加注重培养王小妞的判断能力、表达能力，对于她的小抱怨，小小的申诉，我也会耐心询问，全面考察，再做定论。

每个家长都要保护好自己的孩子，但是也绝对不能草木皆兵。对孩子抱怨的小事要重视，同时也一定要引导孩子把事情说全面再做判断。这个过程也能让孩子学会全面、客观地看问题。

后来，我再发现小妞在幼儿园睡觉没脱衣服，问她怎么回事时，她就能清楚地表达是因为要上钢琴课，老师想让她多休息会儿，但又怕穿衣服慢耽误课，所以只有在上钢琴课的时候才不脱。这样的陈述就能避免误会了。

## 3、了解朋友和老师，类比游戏帮你忙

下面提到的这个类比游戏不但可以帮家长获知孩子的心理，也可以帮助孩子整理思维，教孩子学习统计学。

每一个科学家，每一个优秀的管理者都擅长统计，让孩子早养成这种思维模式是一举两得的好事。通过这个游戏以及后面更多的益智游戏，女儿的逻辑思维和推理能力明显高于同龄小孩。现在我来详细介绍一下类比游戏如何操作，让家长能掌握更全面的内容。

类比游戏源于一本有声书，介绍的是“动物选保镖”的故事。听完这本书后，我马上跟王小妞玩起了这个游戏。

我们画了很多表格，开始比较一些动物的区别、特征。表格的第一行是动物名，比如猪和老虎、蝴蝶和狗等，也可以让孩子自己画动物图案；左面第一列是内容，例如谁有翅膀、谁有毛、谁力量大、谁吃肉、谁最容易伤害人等选项，然后让她选。再比如，哪个动物最漂亮并且能当宠物的，家长可以单独列一个表格，把适合养的特点让孩子画红星星，不适合的画黑星星的，最后红星多的是优先选择的。王小妞非常喜欢玩这个游戏，简直是乐此不疲。随着这种“练习”越来越多，她的分析能力也见长了。

受这个游戏的启发，我忽然想到，可以排一个幼儿园小朋友的类比表格，让王小妞来选择谁可以进入她的“朋友圈”。

玩这个游戏时小妞非常兴奋，因为以前选到表格里的都是动物，现在这些对象都变成了她最熟悉的老师、同学，这让她觉得很新奇。

游戏中，我发现她在“谁最关心她、谁最亲切”这些栏里，老师后面全是红星星，这种侧面反映出来的信息更有真实性，让我更加信任老师了。而为了教她怎样选择好朋友，我做了很多朋友类比表。我选了

“谁最友好、谁容易让人开心、谁最爱生气、谁最爱抢东西、谁最爱动手、谁最爱分享、谁最喜欢带领人玩、谁会游戏最多、谁最爱帮助人、谁最爱说让人不爱听的话、谁知识最丰富、谁纪律最好”等选项让王小妞来选择，其中有的选完我也会多问句“为什么”，小妞就会说出很多我平时听不到的小秘密，而且说得兴高采烈，和平时问话时的爱搭不理形成鲜明对比。这样无形中也让我更加了解了我想知道的内容。

然后，在做完的朋友类比表上，我让她数小朋友名字下的红星星，并告诉她红星星多的小孩都是优点多的小孩，跟他们一起玩会让人觉得快乐，这样的小孩适合做她的好朋友。而往往那些小孩也确实是她的好朋友，她喜欢他们，所以给起红星星也特别“大方”，说了他们的很多优点。当然这几个好朋友也是不是没有黑星星的，这样也能让家长更了解孩子的朋友观。而她平时躲着的正是黑星星最多的小孩，以后出去玩的时候我也可以多观察一下这些小孩的缺点是不是名副其实，以便做出更准确的评价。

**游戏点评：**

这个游戏不仅能锻炼孩子们的观察能力、总结能力，还能锻炼孩子全面分析问题的能力。比如每个小朋友名下都有红色黑色两种星星，这就很具体、形象地让孩子懂得了人无完人，谁都有优缺点，要正确全面地给予评价的道理。对于孩子认可的优点，家长还可以帮孩子总结一下，从而引导孩子向更好的方向发展。

我把类比表分享给其他的妈妈们，她们都说这样的游戏实实在在地让她们更了解自己的孩子了。

开学后，王小妞的“校园类比游戏”又加上了她的小学同学。除了她常提到的朋友，我还会为了获得更多名单而关注班级活动照片，以便于和她一起玩这个游戏，从而更了解她的朋友圈。

后来，我又突发奇想地和她玩起了“家人类比游戏”，即把家里的五

个人：爸爸、妈妈、姥姥、姥爷和阿姨加到表格中，看在她内心里，和谁感情最好、最信任谁以及原因，以便于在今后的生活中照顾孩子的感受，及时调整我们的教育方式。

在王小妞制作表格的时候，我鼓励她把家人的样子画到表格上。通过这一招，我意外地发现小妞特有的艺术表现及观察力——她把姥爷的肚子、姥姥的眉头都画得奇特而形象，非常有趣。在这个游戏玩完后，家长可以马上引导孩子感恩一下喜欢的人，比如买一些好看的小卡片，让孩子画上画送给他们。

**举例：朋友圈类比表格**

| 名字 | 优点（红星星） | 缺点（黑星星） | 补充 |
| --- | --- | --- | --- |
| 明明 | 懂礼貌☆☆<br>讲卫生☆☆<br>遵守游戏规则☆☆<br>不说让别人不愉快的话☆<br>跟他（她）一起玩很开心☆<br>…… | 大声吵闹★★★<br>举止粗鲁★<br>跟他（她）一起玩不开心★<br>…… | 额外给他（她）一颗红星星，因为……<br>额外给他（她）一颗黑星星，因为…… |
| 娇娇 | 懂礼貌☆☆☆☆<br>讲卫生☆☆☆<br>遵守游戏规则☆☆<br>不说让别人不愉快的话☆<br>跟他（她）一起玩很开心☆<br>…… | 大声吵闹★<br>举止粗鲁★<br>跟他（她）一起玩不开心<br>…… | 额外给他（她）一颗红星星，因为……<br>额外给他（她）一颗黑星星，因为…… |

## 三 孩子不能瞎批评，小小游戏巧缓冲

孩子犯错后，如果家长没有掌握好批评的方式，不但不能解决矛盾，还会破坏亲子关系。既要解决问题，又要维护孩子的自尊心，懒妈也有妙招。

在带王小妞的三年中，随着组织多人游戏次数的增加，我接触过上百个孩子。加上阅读了很多亲子教育类书籍，慢慢地，我发现了一些批评孩子的小技巧。

这些可能不能称为“游戏”，那么就作为小技巧来分享给大家吧。

### 1、不伤自尊促成长，“合同游戏”赋责任

别看孩子年纪还小，但他们自尊心都挺强的。有些孩子怯懦不爱出声，往往也不是单纯因为畏惧陌生环境，或者不敢参与新游戏，而是由

于被自尊心驱使，怕输，怕丢面子。如果家长不了解这个情况就对孩子横加批评，只会伤害孩子的心理，衍生出更多问题。

不过，孩子因为年幼，确实需要教育引导。有时候做错了就是做错了，不予纠正的话后果也会很严重。

批评，还是不批评，确实是个问题呀。

现在的教育理念大都是“多鼓励，少批评”。这些年教育界更是呼吁“鼓励和尊重个性发展”，对孩子的言行要求得稍微严格一些都会被质疑，更不用说批评了。但是，教育环境过于宽松，少批评或不批评，又会造成什么样的后果呢？

王小妞的爸爸就是信奉“让孩子的个性自由发展”信条的家长。从孩子很小的时候，他就要求我除了孩子出现“人品上的偏差”，其他问题要尽量尊重孩子意见，少提要求、少批评，多鼓励、多肯定、多配合。遵循这样的理念，加上阅读了无数鼓励宽松教育的书籍，我自然是动用了浑身解数，尽量客观具体、精准到位地表扬鼓励孩子，可结果呢？

家里一直很民主、很宽松的氛围，造就了王小妞太过自由散漫的个性，这也是我们亟须解决的问题。

因为对王小妞批评得太少，提的要求也不多，所以她对我的态度很随意，并不像对待长辈那样尊重，常常还会顶个嘴什么的。而且她对于自己的想法也比较固执，很难接受别人的意见。

比如一个五线谱的音符，即便我没有专门学习音乐，对照五线谱表也能知道她弹琴弹错，但我给她指出错误时她根本不信，非让我拿着乐谱去请教学过音乐的邻居阿姨。本来我性格大大咧咧，只要她没有过分无礼，我也不会严厉批评她。但在外人看起来，我们之间的小争执，她的任性坚持，就是没有很好教养的表现了。

跟老公探讨家里的“宽松育儿政策”衍生出的这些问题，他又说是因为我的批评太少，导致我与女儿的关系过于平等。他说：“因为在孩子眼中，你已经不是家长，而是朋友了，继而才出现了对你要求过高的各种表现。”真是怎么说都有理呀！

不过，这些现象的确值得我们深思。比如，带孩子出去玩，其他家长可以围成一圈聊天，我不能。在我安顿好王小妞和小朋友的团队游戏后，我稍微一加入家长的圈子说会儿话，她就闹情绪，找茬打架。她觉得我是她的朋友，我要走动，需要先和她打招呼。

再比如，我出的主意稍不合乎王小妞的心意，她就说我没征求她的意见，大发雷霆，相当专横，全然不顾我的感受。有时候当着别的家长的面儿闹，让我特别挂不住。而且有时候情况特殊，为了帮朋友的忙或者顾全大局，不可能按她的喜好来办事。有一次一个朋友临时有事，把孩子放我家待一会儿，我没来得及跟王小妞商议，这让她非常愤怒。她觉得我该按她喜欢的时间去接待别人，如果不这样做她就有权利发火。我提醒她，这样会让其他孩子的家长认为你很无理，要是大家都不喜欢你了，多不好啊！从那之后，我再发现她言行举止有错误就马上批评、纠正，但这让王小妞很难接受，甚至出现了逆反心理。

所以说，教育理论再正确，在实践中只要过了度就会产生矛盾。

老公知道我准备增加“批评教育”时提醒我，虽然我对王小妞的照顾还算细心，也很会按她的喜好来设计好玩的游戏逗她开心，但我在很多方面还是缺乏耐心，跟孩子谈心的时候太少，造成很多时候没有很好地疏导孩子的委屈，从而引起她的情绪和意见。老公说我更像一个好的老师，而不是一个好妈妈。

我反思了很久，其实真是这样的。比如，有一次王小妞要拿着心爱的书到水边和小朋友玩，说闲暇时可以看一会儿，我因为怕她把书掉到水里而一再阻止，但她仍然一意孤行。最后那书还是被小朋友不小心扔到水里去了。之后我虽然没批评小妞，只是安静地把书拾起来晾在石凳上，但我也没安慰她，于是她就一再找茬跟我生气。我回来对老公说了这件事，并且说：“我都没批评她，她倒跟我找茬生气。要是放我小时候，我妈早就凶巴巴地说：‘该！我都说了，是你不听话啊！’我都没在别人面前批评她，我比我妈高明多了。”

但老公说：“不管怎样，孩子心爱的书坏了，她很伤心，需要安慰。作为母亲，你可以说：‘没关系，下次注意就好，回去我们再买一本。’也就难怪她拿你撒气。如果是我，她也许不敢冲我发火，但你不同，她把你看成朋友，觉得跟你的关系更亲密，所以在你面前不会掩饰自己的情绪。”

因为我妈妈比较强势，小时候我受了委屈她很少会宽慰我，也不会耐心地跟我讲道理，所以，我不想让王小妞再有这样的缺憾，尽量努力用心地去带孩子。但由于性格原因，我和小妞的沟通还是不够温情细致。我很重视公平，孩子们有了争执会公正“裁决”，但很少会以母亲的温柔去照顾有时受了委屈的孩子，尤其有些委屈是孩子自己的失误造成的。

于是我就开始尝试在事前尽量把事情方方面面的原因、可能会发生的几种状态讲述清楚，并提出相应的要求，也会把我的为难之处向她加以解释，并对以前的一些疏忽向她道歉。这么做了一段时间之后，我发现，其实王小妞还算是个通情达理的孩子，如果让她了解了一件事为什么要这样做，如果不这样做会造成什么后果，她会配合得相当好。但前提是，一定要照顾到她的情绪，让她感受到爸爸妈妈是因为对她的感受非常重视，才会教她避免犯错。

不要低估小孩子的理解力。他们虽然年幼，但已经能够明白基本的道理是非，会思考，也会有自己的判断。像小妞，她已经懂得家里每个人的个性脾气不同，为了达到自己的目的，还懂得对不同的人采取不同的“策略”。比如她觉得爸爸是威严的代表，会对爸爸的话完全服从，就算有异议也会平心静气地说明理由；对姥姥，她一般以哄为准，万一有分歧，她也会稍微让步；而对姥爷的溺爱娇惯，她是连撒娇带耍赖；对于我，她虽然会抱怨我有时候让她受委屈，偶尔还敢对我发火顶撞，但毕竟我有好玩的游戏能“引诱”她，她怕我不跟她玩，所以时不常地也会向我妥协几次。

我趁热打铁，把一些为人处世的规则教给她，跟她“立规矩”。比如小朋友到家里来玩时，不能大声喧哗，玩具要让客人优先挑选，发生吵闹时要接受“一周内不许在家接待小朋友”的处罚。在学习上，学习日和周末可以自己安排做作业、洗脸刷牙上床睡觉的时间。如果违反规则，不做作业，则要提早睡觉并按我指定的时间去完成作业……

这些规则条款我们会打印出来，让王小妞自己阅读，并就细节加以讨论，商定之后双方签字，立即实行。我告诉她，签约之后“合同”就贴在冰箱上，必须遵守。

我的要求并不苛刻，只要她能当天睡觉前完成作业，就可以根据自己的喜好安排游戏时间；如果偶尔有一天没完成作业，第二天就要按妈妈的规定来，她的这项“权利”就会被暂时性“剥夺”了。丧失这项权利是因为她自己不能把负责的事情做好，用现实说话，公正客观，她就不那么骄横对抗了。

在教育过程中，家长把要求提前跟孩子讲出来，比等她犯错之后再进行批评要好得多，孩子也更便于接受和增强自我管理能力。

在后来的很多种游戏里，我不断地向小妞强化一个意识，那就是：人所拥有的权利，是需要付出相应的义务才能换取的。

## 2、应时应景应需求，不在人前把火发

因为我们以前对小妞的“宽松教育”，导致了小妞自由散漫的个性，即使有能力也不会在考试时追求满分。老师找我谈她的学习态度问题，希望孩子能对自己的要求再高一点，严格一点。

我们以前是跟小妞说过，成绩不重要，也不要求她考试一定要得满分，她也知道我们对分数并不敏感，所以每次都会主动跟我们汇报分

数，还会自己分析出错的原因。不过，要求宽松不代表我们想让她消极对待考试啊！

后来老师告诉我，王小妞不是做得不好，而是目标感不强。其实她自我管理能力很好，只要扭转观点，很多事情根本不用管，只要给她设定好目标，她自己就能朝着这个目标去努力。

有了以前的经验，我现在遇到问题的时候，会跟小妞尽可能多地讲清楚“为什么要这样做”以及“这样做对她的利弊”。为了让她明白前因后果，我需要参考故事书、漫画书甚至电视剧中的情节，做各种形象的描绘和说明。

有一次，评选班干部时，王小妞只差两票。回家的路上先是跟我抱怨好友没投票给她，接着又十分感慨地说，有个平时关系很平淡的同学投了她的票，还鼓励她，教她如何获得更多选票。

我于是很平静地告诉她：“生活中，并不是你喜欢的人都会喜欢你，也不是你不喜欢的人就肯定讨厌你。你应该对大家都尽量好，这样才不会错过欣赏自己的朋友。”她认同地点点头。

我又得知有个小朋友的选票远远超出她，问她为什么，她说因为那个小朋友很遵守纪律，考试还总得满分。我告诉她：“群众的眼睛是雪亮的，大家都会喜欢好的孩子，是不是？你自己缺两票，归根结底还是因为自己做得不够好，所以不要把责任推到别人身上。你考试不去争取满分，还偶尔不遵守纪律影响别人，大家也都看得到。各方面都很棒，能起到表率作用的人才能胜任班干部，否则，就算当了班干部，别人也不会服气。只有平时多做准备，做得足够好，机会是不会因为一两票就跟你擦肩而过的。”

那次的批评效果很好，王小妞从那之后就比以前努力了很多。我很感谢小妞差的这两票，也很庆幸及时地纠正了她的错误观点。

有时候孩子们不接受家长的批评，可能是因为家长对她的要求不够具体，也跟她想要的东西没有直接联系。如果家长知道她的需求（比如急于当上班干部，想在某个比赛中获奖），借机会把正确的理念传授给她，她接受起来就很容易。否则，频繁的说教既无用，又会让亲子关系变糟。

王小妞也会和我提要求。比如，她觉得自己的英语已经很不错，不想再去上英语课外班了。但她的班级里80%的同学都上英语班，她偶尔还会被老师点名，说她不够努力。我告诉她，只要课前多预习，课后多复习，努力达到老师的要求，就可以不报课外班；但如果没达到老师的要求，总让老师点名批评的话，就只能去课外班补习，这样才能保证自己的成绩不被同学们落下。她听后立即点头答应了。

批评得过多，会打击孩子的自信；但提的要求太少，则不利于挖掘孩子的潜力。

另外，家长在批评孩子时要“审时度势”。有这样一类家长，在孩子们集体游戏时，自己的孩子出现了错误，他们当着这么多人的面就去打孩子。大概是中国有“当面教子，背后教妻”的教育传统吧。殊不知这种传统已经落伍了，大庭广众下打孩子，只会引起孩子更大的愤怒，更严重的逆反心理，让他们不乐意去改正错误，也无法引导他们知道为什么这种做法是错的，从而避免再次犯错。在这样的教育氛围下，孩子往往成为游戏活动的“麻烦制造者”，很少能跟其他伙伴一起长时间玩耍。这样的孩子朋友很少，对他成人之后的交际会有很大影响。

我认识的一个孩子，家长的管理办法就有点“简单粗暴”，以至这个孩子行为上就有点崇尚用暴力解决问题，不讲道理，不懂事。有一次玩足球游戏，因为给孩子们设计的游戏规则必须浅显易懂，所以没有设置“越位”或“后卫”等稍微复杂的规则。这个孩子就有点不服气，开始以蛮横的态度推搡其他孩子，用以对抗不准确的游戏规则。我只得把他罚下场，并告诉他，因为游戏参与者都不懂专业规则，所以只能灵活机动地对成人世界的足球规则加以改变。只要这些规则对比赛双方来说是公平的，大家就能玩得开心，这个游戏就是好游戏。

这个孩子站在场地边上，看别的小朋友们很开心地玩了二十分钟，最后不得不羞怯地向我妥协。

孩子有了思考能力后，做事自有他（她）的道理，家长们要了解他们行为背后的想法，加以正确引导，平心静气地跟他们沟通。打骂——尤其是当着别人的面打骂孩子，这种伤害孩子自尊心的做法既恶劣又无效。

## 3、严厉批评副作用，好玩游戏来规避

我们在教育孩子的过程中，经常会遇到这样一种比较棘手的情况：在对孩子的教育上，与他人产生冲突。这个“他人”既包括自己家的亲人，也包括孩子的老师。

我的观点是，在同一个家庭中，对孩子的教育理念应该保持一致，否则会让孩子产生无所适从的感觉。有时候，孩子犯了错，爸爸妈妈管教，爷爷奶奶护着，教育的效果就会受到影响。

在家里，大家教育理念不一致还能协商处理，那么，与老师的教育理念不一致时应该怎么办？老师有时候批评孩子过于严厉，而家长想要保护孩子的自尊心，或者不想影响孩子上学的热情，不愿意让老师批评孩子。这种情况应该怎么办呢？

在王小妞上学前，老公和我一致认为一年级应该主要培养孩子求知的热情，至于纪律问题，毕竟平时对她的要求也比较多，加上又是女孩子，我们就没有特别关注。我也知道，好习惯要从小培养，只是孩子刚入学，如果约束过于严苛，我们担心她会厌学。

但是很快，我就被老师请到了办公室，原因是王小妞在上课的时候画画。我只好跟老师说，回去一定好好管教她。

那天王小妞的眼神我到现在还记得。她站在不远处，时不时地看我，眼中是从未见过的胆怯恐惧。这令我想起了我小时候第一次被老师

“请家长”，因为害怕，脑子里一片空白，不知所措，简直有到了世界末日的悲凉。而且回家之后还被妈妈一顿暴揍，从此更加怕老师、怕上学。我真的不希望王小妞如我一般。可怎么说也得让孩子懂得尊重老师，完全不理会，不去批评也不好吧。要怎么开口呢？

想到这儿，我看了看充满恐惧、默不作声的王小妞，边走边把她搂了过来，温柔地和她聊起天来。“怎么了？老师说你了，没事儿的。”

小妞发现我态度依然温和，表情随即轻松了很多：“我就是上课画了一个小人，老师就生气了。”

我马上接茬问她为什么要画画，她说今天上课的内容她都学会了，有点无聊。

我对她说：“上学的目的不仅是为了获取知识，还为了学习如何遵守纪律，并在集体中帮助别人。你虽然学会了老师在课上讲的知识，但仍然要遵守课堂纪律。况且，老师管理的是全班37个同学，她需要对所有的同学负责，这是她的责任。如果班里那些还没学会的同学被你影响，也不好好听课，那么他们就学不会这些知识，导致考试成绩不理想，甚至留级。你的好朋友也许就因此不能再和你们继续在一个班上学习了，他们也会挨家长的批评。所以你看，你是不是应该遵守课堂纪律呢？能不能理解老师对你的教育呢？”

王小妞听完，笑着答应了。

就这样，她既没有因为老师的批评而伤害自尊，又明白了老师的要求。一直到一年级快结束为止，王小妞总是写字、做小礼品送给老师，与老师聊天，特别喜欢老师。后来偶尔老师找我“告状”，她也会很平静地在旁边一边玩一边等我，丝毫没有心理负担。我很庆幸保护了孩子喜欢学习的热情，更不会因为老师向家长“告状”而憎恨老师，也没有影响孩子对画画的热爱。我想，虽然我没有像老师要求的那样，对孩子严厉批评，但也取得了她想要的效果。不管我们和老师有多少教育理念上的分歧，家长一定要再三为孩子多作考虑，因为如果不能和老师更好地配合，伤害的还是孩子。

家里的长辈为孩子付出了很多，即便有时他们的教育方法与我们产生了分歧，我们要尽量想办法避免为此产生争执。

我妈妈带王小妞时，对孩子的衣服最关注舒适度，但不管搭配起来是否好看，有些配饰她会随手乱放，经常找不到。于是我找出色彩学一类的图画书和服装杂志，时常跟王小妞讨论服装搭配，玩“时装模特大换装”游戏，并指导她学会归类、整理衣服。半年后，王小妞已经能自己搭配出时尚靓丽的衣服啦！这时她就会跟姥姥撒娇，要求自己决定穿什么，自己整理衣服。她甜腻的撒娇让姥姥无法拒绝，也因为孩子细心的整理，东西再不会找不到了。这样既避免了我们和老人因教育理念产生分歧而出现矛盾，又引导孩子进入了学会照顾自己的新阶段，我的困扰自然就解决了。

# 四　亲子关系要“信任”

有人说家长是“影印机”，我还真挺认可这个观点的。很多方面，例如道德标准，真的是家长怎么做，孩子就会怎么学。

记得在最初的“妈妈团”聚餐时，我曾经诚心诚意地向一位妈妈请教孩子的教育问题，她只答了一句：“好的教育就是自己早起，规律地上班，以身作则，孩子就会很好。”也许是碰到了我的软肋，当时感觉真是无地自容——难道我起床不规律，又全职带孩子，孩子就完蛋了吗？

现在存在多元化的生活方式，每个人的生活都优缺点并存。而且人们对待同样的问题也会有不同的看法，对同一件事也会有不一样的理解和评论，是好是坏都会或多或少地传进孩子的耳朵里。如何保持自己“完美”的家长形象，不令孩子自卑？我认为“真实”，是一条很重要的原则。

## 1、人人都有不完美，信任和包容一家人

虽然我是个“全职妈妈”，但我告诉孩子，我曾经也是公司里的最佳员工，上班的时候认真而努力，但是人们对“成功”的定义是不一样的，选择的生活方式也千差万别，我选择把重心放到照顾家庭上，希望能有更多的时间来陪她一起成长。在和小妞相处时，我总是想办法通过游戏，通过各种方式和她一起玩耍，让我们都感到很快乐。在这个过程中，我并不故意掩饰自己的缺点，相反地，我尽量全面地向她展示自己，让她懂得每个人都有缺点，即使是自己最爱的爸爸妈妈。

由于姥姥姥爷的溺爱，王小妞直到快6岁还没有戒断配方奶粉，这真是一个令人头疼的问题。有一天，王小妞让她爸爸戒烟，我告诉她，爸爸抽烟就跟她4岁后还喝配方奶一样，对身体没好处，却又没有毅力戒掉。现在你让爸爸戒烟，那么你有没有听爸爸妈妈的意见，戒掉配方奶呢？没有！爸爸也一样。爸爸是个好爸爸，但他没法做到完美。他也明白你的话很对，也知道你很爱他，想要保护他，但因为有一种叫“尼古丁瘾”的坏东西拽着爸爸不放手，所以他没办法一下子戒掉抽烟。咱们想办法，一起战胜尼古丁，把爸爸救出来好不好？

小妞听后特别理解，给爸爸设计了“吸烟时间卡”，还出资买了我挑选的戒烟书，一直鼓励爸爸努力戒烟。更让我欣慰的是，她也主动提出要戒掉配方奶。全家共同努力，互相扶持，我们的心更加亲密了。我想让孩子明白这样一个道理，每个人都有缺点，但是能鼓舞我们克服缺点的，只有亲人之间的爱和信任、包容。

我知道自己有很多缺点和不好的生活习惯，但幸运的是，我有一个宽容善良的女儿。王小妞知道她的妈妈“懒”和“粗心”，所以反而变得更贴心。她没有因“懒妈妈”而自卑过，从没说别人的妈妈如何如何

好，而她的妈妈如何如何差劲。她从来没有记恨我当初接手管她时，因为不懂深浅对她做的“迫害”。她从健身场的“漫步器”上摔下，摔了个“大马趴”，我因为觉得不特别严重，在一边哈哈大笑。虽然那会儿她气得说不出话，却没有埋怨我；她骑车比赛摔骨折，我以为不严重，没有及时带她去医院，她虽然后来唠叨过“妈妈失职”，但也没太往心里去；她更没有因为我一时疏忽，差点把她丢在泰国而埋怨我……我想，这一切大概源自她对我深深的爱和信任吧。

## 2、好的教育不在说，时时刻刻做引导

自从开始认真带孩子，我慢慢地在妈妈圈拥有了“威信”。这是我不断把教育心得分享给大家的成果，是我为了孩子们的快乐成长而做的无数实事获得的牢固友谊。因为孩子，我和这些家长有了相同的目标；为了让孩子们共同进步，我的心比以往任何时候都更乐于分享。

因为拥有了这种朴实的“威信”，我后来组织的“冬日长跑”活动成功了，牵头建立的“图书角”也顺利完成，组织的“自然触摸团”也成功建团……而当王小妞去演出，需要乐队的时候，其他孩子们的妈妈和我一起建立了“熊出没乐队”。现在我又找到了更好的资源，准备搭建“博物馆通识教育平台”，并做一个内刊，这些都得到了很多家长的热情帮助。

在我认真努力的组织工作下，更多项目和期望搭建的平台，一个个顺利引进我们社区，让孩子们更便利地拥有了更高水准、更个性化的教育资源，实现了更多资源互换。

有了孩子我才真正体会到，教育不但要因人而异，也要“因地制宜”。在这个多元的时代，也许有的家庭很富裕，却不一定能为孩子的成长起到好作用；有的家庭不够完美，却因为用对了方法而对孩子起到了

积极正面的引导。这都需要家长不停地去探索、去调整教育方法来达到最佳效果。每个孩子的个性不一，天赋不同，每个家庭的条件也都不一样，怎么能指望用一种好的教育理念去解决所有的教育问题呢？

## 五　教会孩子懂付出，"给予"远比自私强

想让孩子大方地付出并不容易，教导孩子突破自己的“小自私”，乐意跟别人分享，从而收获更多，其实有很多方法。

从最基本的理财教育说起。现在的孩子都有很多压岁钱，大部分家长都是直接帮孩子存起来。简简单单的“存钱”行为，对孩子的理财观建设一点意义都没有。为了让孩子对金钱有正确的认识，我做了很多研究。

我看过犹太人教孩子理财的书籍，以及西方一些家长教孩子理财并懂得责任的方法，然后进行了改良，用到了王小妞的身上，效果还是显著的。其中有一本书中写了三个移民到西方国家的亚洲孩子，经过了在学校卖饼干等小生意的磨炼，中学毕业前就掌握了自力更生的能力。还有一本书里描述了美国华盛顿的贡萨私立高中是怎样教富二代经商的。学校让这些孩子体验穷困，学会合作，通过在学校模拟银行、股票经营以及售卖小商品等活动，懂得“不能把成功押在只有别人能掌控的成败

上”这个道理。可我们的孩子还小，学校里也不会有这方面的教育，那应该怎么办呢？

## 1、手工游戏、小市场，“积攒”不是持家道

为了更好地引导孩子，我也一直在强迫自己改掉很多固有的陈旧观念。出生于20世纪70年代的我们，被灌输的理财观念就是“省”和“攒”两个字。见到便宜的东西，就多买点存着，以备不时之需——这种观念导致我现在的房子里堆积了很多说是备用，但从来都用不上的东西。比如，从日本买相机的时候怕电池在国内不好配，一下买了三块，结果相机都要淘汰了，电池还没开封。王小妞也学着我们，铅笔盒、纸笔、贴画堆积在家里的每个角落，根本用不完。好多积攒的东西好几年都用不上一次，结果到用的时候还会忘记放在哪儿了，光找就用半天时间。在现在这个“时间就是金钱”的年代，真是太不划算了。其实根本就没必要攒那么多东西，需要什么，点开“淘宝”，同城的商家第二天就能把商品送上门。

我看过一篇文章说，想要生活有品质，就应该舍弃更多的欲望，懂得更多的“不需要”。所以，每次又想“囤货”，或者舍不得处理废旧物品的时候，我就强迫自己再想一想这句话，并且也教育孩子：“只有被需要的东西才有价值。”

说起我的懒，其实也和父母的这种陈旧观念不无联系。我的爸爸妈妈都是又能干又勤俭的人，自己建厨房、做家具、修电器，为了延长家里物品的使用年限，很少让我碰，因为怕我砸锅摔碗；也很少让我做家务。即便我偶尔好奇，试图做做饭，用洗衣机洗洗衣服，他们不是怕我用多了味精，就是嫌我浪费了洗衣粉，总是呵斥我停手，这样到后来我索性啥也不参与了。只要他们能做好的家务，我是绝对不会主动插手

的。即便他们说我懒，也总比我边干边被数落舒服，因为什么都不做也就不会出错了！

正因为有这些切实的感受，所以当我让王小妞做事时，即使她做得不好，我也不会横加指责——做了就比不做强。

现在看着孩子才知道，想让孩子变得勤快、灵巧，就应该放手让他（她）去练习，不要怕东西被弄坏或浪费，就当给孩子交学费了！王小妞小时候在大姨的指导下做了两年手工，基础打得特别牢，穿针引线、粘黏削刻，样样都行。这样的能力也赋予了她自信，只要想做一样东西，她不到完工不罢手。

和王小妞一起做很多小创意的时候，我往往因为手笨，心情烦躁，一会儿就没了耐心，直接走人了，小妞却在一旁默默地全部做完。就

此，我才认识到我的“喜新厌旧，做事不能从一而终”的根源，那就是动手能力差。手比较笨的人通常脑子会比较灵活，这是为了弥补自身的不足。我总能想出很多可以少动手或者不动手的办法，这也让我养成了爱思考，能说会道，但很难脚踏实地做事的习惯，做事很少能完美落幕。好在我早就认识到了自己的“笨”，自我要求不高，说好听一点是“知足常乐”。

而老公是那种做事一丝不苟、追求完美的人，他却很欣赏我这种“知足常乐”的人生态度。他总是说：“虽然你不像我们能把事情做得十分完美，面面俱到，但是你远比我们快乐很多。”我说：“那希望王小妞可别像你一样追求完美，弄得自己这么累。”现在看起来，女儿的性格比较像老公，做事认真，但是又能跟我一样，对结果泰然接受，不会钻牛角尖。

很多事情都是好坏参半的，千万不要对自己灰心。人生总是“东边不亮西边亮”，我们的孩子都会有着这样那样的不足，但只要积极引导，他们照样能得到很多的机会，生活得幸福快乐。

而那些陈旧的“理财”观念，直到现在还压得我喘不过气来。到我家玩过的朋友都说，感觉我家像个小卖部。即使住在中高档社区，拥有精装的房子，但屋里不管怎么收拾，还是一片混乱，有种大杂院的味道。什么五金工具、基本材料、生活物资，家里应有尽有。纸巾有十多打，香皂香波够用半年，米油的存量就算有灾难降临都不怕……

这种过日子的方式也有其优点：生活方便。家人很能干，什么都会修，大到冰箱、彩电、洗衣机，小到台灯、衣服、自行车，我家的东西使用的年头都比别人家的长。在你以为这是多么可贵的能力和品质时，来我家看看，这些“老物件”带着岁月的痕迹，屹立不倒，想换都没法换！为啥我觉得闹心呢？因为这样的生活总带着陈旧的气息，那些早该淘汰的东西满当当地占据了我们的生活空间，扔吧，觉得浪费；不扔，真的跟不上时代。

为此，我现虽然经济上很宽裕，但也很少再往家里添置东西。我还制定了每月一次的“淘汰日”，强迫自己更换家中的物品。有了这些经历，我要求孩子，不需要的东西要少买，不合时宜但还有使用价值的物品，尽量为它找到其他的使用途径，比如支援灾区或者资源互换。只有这样，才能让生活一直充满新鲜感，让生活品质更高。我多么希望孩子以后能有一个简单、洁净的小家啊！

后来，我开发出一个新的游戏，叫“跳蚤市场”。我组织起小区里的一二年级的孩子，让他们把自己已经玩腻了的玩具拿出来自由交换。通过这种置换，孩子们都拿到了新玩具，也实现了物品最大价值利用。

我经常带孩子在网上买东西，并告诉孩子参考销量、信用、评价进行挑选，不要只认低价，否则恐怕会买到质量不好的商品，这样来回退换修理，搭上很多时间和精力，反而不划算。我还慢慢从网上选购商品的各种讲解里，教会了孩子商品不是便宜就好，而是要考虑时间成本，还要考虑它能带来的“快乐价值”。比如，如果这个东西是送给明大即将出国的幼儿园小朋友的，要留作永久的美好回忆，这样稍微贵一点也没关系，因为它的“快乐价值”很重要，远远超过它本身的价值；而像鲜花这样易枯萎的商品，因为有了感情的附加值，所以也变得不同于其他商品。要教孩子不要太斤斤计较商品的实际制作和消耗的成本，要让他（她）意识到不同商品的其他价值所在。

## 2、压岁理财自己来，额外责任不买单

因为我父母的教育，王小妞养成了勤俭的品质，和我一样比较会省，不乱花钱。用iPad下载游戏时，不用我们嘱咐，她也会自觉选择免费游戏；只有特别喜欢的，才会问我可不可以花钱买。如果我能说服她，她从来都不会不乐意。

小妞从小就没出现过在商场执意要东西的现象，反而有时候给她买东西，她还会问我要不要各处比较一下再买。看她已经有了如此成熟理智的“消费观”，我就把她的压岁钱都还给她，并带她去银行学习存钱。到她5岁的时候，我会让她每个月从自己的“小金库”里拿出200元放在属于她自己的抽屉里，让她自行花费。我告诉她，必要的学习用具和玩具是家长的责任，我会无偿提供，但额外的需要用钱的地方就要靠她自己了。

没多久，小妞买东西贪多、喜欢“囤货”的习惯就大大改善了，一些不太需要的东西因为要动用自己的钱，她也就不再坚持了。

现在孩子大了，我也采用了其他一些方法来锻炼她。

王小妞在家不怎么练琴，因为她爸爸的教育理念是“课外的兴趣课，不要有任何形式的压迫，只能引导”。于是孩子只在幼儿园和学校练习钢琴，每周三次，雇陪练。因为老师管接送，也绕开了爸爸的“眼线”，小妞没有压力，也就这样坚持下来了。但现状是，她学了三年钢琴，也被我引导得越来越喜欢钢琴，只是不愿意坚持练习。我告诉她，如果每周在家练习四次，能坚持下来的话，我就把给学校陪练老师的学费给她，作为对她额外努力的奖赏。

这种做法可能会有争议，因为很多书上虽然提到过“金钱奖励”，但大部分教育专家都不赞成用钱作为孩子学习的动力。我是这样考虑的：三年来，我用了很多方法来激发孩子学习钢琴的兴趣，也取得了很大的效果，并不是上来就用金钱做“诱饵”的。孩子现在大了，换一种激励方式，也让她有新鲜感。而且，除了让孩子下工夫学好钢琴，掌握一种享受生活的技艺，我也的确希望她能建立起“自力更生”，通过劳动获得回报的意识。孩子年龄还小，你跟她说钢琴能为她今后的生活带来多大的乐趣她还理解不了，但通过自己的刻苦练琴，能获取一点零花钱，这种喜悦是现实而具有诱惑力的。今天能为家长节省一点课时费，明天就有可能通过自己的技艺来自力更生。这本身就是教育的一种手段，可以让孩子更直观地体会“辛勤劳动”所带来的成功喜悦。

到现在为止，王小妞从开始的每周随意练习一两次，直接提高到了每周的四次练习，而且完成得很主动，起到了和我以前发明的无数游戏一样的好作用。

如果孩子对某件事情已经有了兴趣，只是缺乏自制力去坚持做，这个时候，家长不妨也试试“金钱奖励”，看看能否激发孩子的热情。说起来任何教育方法都是工具，只要能达到好的效果，能帮助孩子更好地成长，就是好的教育方法。

让孩子懂得责任的另外一个方法我已经用了两年，效果还是比较好的——即“为自己的课外班买单”。

由于老公不同意强迫孩子上课外班，而孩子又太小，所以小妞今天高兴起来报了一个课外班，明天就可能兴味阑珊，不愿意去了。就这样，我们浪费了很多课外班的学费。虽然家长应该创造条件，让孩子尽可能地多体验，多选择，但这么三天打鱼两天晒网的，孩子也体会不到学习的乐趣。我们作为家长，不能一味地纵容孩子，这种随心所欲的学习态度，其实也很不负责任。

于是，我设计出名为“为自己的课外班买单”的游戏。选择课外班之前，我会按照她的喜好帮她查很多资料，带她一起看视频，上体验课，讲明这个课外班的有趣之处，以及学会这项技能的好处，同时也会明确地告诉她，学习下去可能会出现的所有困难。上完体验班，发现并不喜欢的话，可以随时退出；但一旦正式报名了，这个课外班必须上完整个学期。

我相信什么样的学习都不会全无收获，即使是那些后来没有兴趣上的课程，多了解一些，将来也会有用。尤其是那种坚持到底的毅力，培养出来对孩子的一生都有好处。我对小妞说：“如果你能在课外班上坚持下来，妈妈会为你的努力而骄傲，乐于承担你学习的所有费用；如果没有坚持下来，那既然这是课外班，不是我必须负责的学费，就请你为自己的选择买单，这一类课程的费用要从你的压岁钱里扣除。”

这样的规定执行后，王小妞会更慎重地对待自己的选择，而一旦做出了选择，她也会坚持上完课外班，并且学得很认真。

我认为，这样的教育方法让孩子加深了对选择的思考，也懂得了责任，效果还是不错的。这样一来，孩子再提出想去上哪种兴趣班的时候，我也更愿意支持她，因为这是她经过慎重考虑后才做出的决定。让她学会考虑，学会听从自己内心的声音，不再盲目跟风，我觉得这一点很重要！

## 3、家里孩子是主人，有了责任爱更多

孩子的压岁钱用途越来越多，我开始用其他机会适当补偿她，比如生日时给多一些钱——因为她的年龄在增长，我特意让她拥有更多的金钱，是为了让她学会承担更大的责任。

让小妞为家庭“出资”的第一次，是我和她共用的电脑坏了，维修需要400元。于是，我要求她承担100元。小妞从未参与过家庭出资，非常不愿意，好说歹说，只肯出一元钱。于是，我用自己的三寸不烂之舌开始计算，把她的奶粉、教育、生活、玩具，以及占用房子空间平米等统统计算出费用。我告诉孩子，在这个家里，我和她爸爸为她做了很多努力，也付出了很多，有些是该承担的责任，但更多是因为爱。经过这一番教育，孩子终于被说动了，同意出100元修电脑。

我想家长们看到这里，应该能体会我的良苦用心。让孩子参与家庭出资，这是一次很小的实验，也是让孩子懂得责任，理解家长辛苦的第一步。

开始时，老公还责怪我总是惦记孩子的钱，但当小妞后来一次次从

她的小金库里拿出更多的钱，给长辈买生日蛋糕，给老师买花，或很大方地“赞助”家庭聚餐时，他渐渐理解了我的用意。小妞现在在我偶尔发快递没零钱的时候，会主动拿出钱来帮我交费，学校收饭费要求她自己支付的时候，她也是一副快乐且享受的感觉，这让我们很感动孩子的改变。独生子女的父母应该能体会到我们这种欣慰的心情。

王小妞确实花掉了一些压岁钱，但同时她也明白了金钱只是一种工具，让生活变得更幸福、更快乐，需要的是爱、分享、付出和责任。她现在突破了“小我”，理解了家长的不易，体会到了付出的快乐。适当的“金钱教育”，我觉得还是很必要的。

## 4、付出总会有收获，点点滴滴都是课

我后来利用自己在社区的另一套房子的一个角落，建立起一个小图书角，规则是参加的孩子每人需要为图书角提供十本书，以后就可以每次免费借阅五本书。

因为先要拿出书来分享，王小妞有点不舍，拿出早就看腻的书一遍又一遍地看了一番，才依依不舍地送到图书角。末了，她还是自己又借回来其中的两本书。

当初建立图书角的时候，我就跟其他家长说明，除了更好地利用资源，达到共享，也是为了培养孩子的奉献精神，让他们变得大方起来。果不其然，一些过来送书时还有点小“抠门”的孩子在图书角建立两个月后，清楚了图书角的流程，拿到了喜欢的图书，了解了“你为社会，社会为你”的意义，都变得越来越大方了。现在孩子们每看完一本图书都会送去图书角，这样也让很多家长摆脱了不知道家里哪些书孩子已经看完的困扰，书少了就借些新的，或者给孩子买些新的，不会让孩子翻来覆去老看那几本书，局限眼界。

出去玩的时候，很多玩具都是我买好多份，提供给小区所有的孩子玩。王小妞开始很不舍得借给朋友们，即使我会用点小奖励，她也不舍得往外借。但不久后，另外一个小区的孩子玩我们的玩具很不爱惜，王小妞的朋友立刻上前，帮她去理论，并取回了玩具。王小妞感受到了友谊的力量，也慢慢体会到了分享后获得的“无形资产”，变得越来越大方，甚至主动要求把玩具分享给小伙伴们。

进入小学之后，王小妞成了她爸爸小时候的翻版。她奶奶曾经笑着对我说，我老公小时候就是那种雷锋式的小孩子，都快把家搬到学校了。没孩子的时候我不理解，老公这种“大公无私”对人生的影响，现在我也懂得了。王小妞入学后老师需要墩布、纸巾等，她都非常积极地为学校提供，自己拎着很沉的东西开心地走进校门，所获取的信赖、安慰，也许是很多人一辈子都不会了解的。这种不计较，不小气，为人慷慨热情，其实就是未来大家喜欢你、信任你、愿意跟你合作的原因。一颗简单、不在小事上斤斤计较的心，是最难得也最稀缺的资源了，很多事业做得很成功的朋友都跟我强调过这一点。

现在是信息时代，信息很值钱，点子很可贵。有了这几年无数动脑和努力挖掘资源的成效，我和王小妞的好点子、好信息越来越多。有的时候我也偶尔犹豫过要不要分享一些好的想法，但是仔细想想，孩子之间是会相互学习的，周围的伙伴进步了，对孩子的促进是最大的。何况家长不同，环境不同，即便一样的资源也绝不会复制出一样的孩子，孩子们最终还是以差异的姿态共同进步。所以收起我们的小自私，勇敢分享吧。当你分享得足够多的时候，铺天盖地的资源会滚滚而来。就像后来很多喜欢我的妈妈们，有什么好事都想着我，收获早已多于我所付出的几百倍。而我现在的好名声所带来的影响也让我取之不尽，用之不竭。我希望孩子能在我身上读懂这些深远的影响，和我一起向她爸爸学习，做一个大方、宽容、不计较的人。



一年级上半学年，在递交教育部的《小学生综合素质发展评价手册》上，小妞的班主任这样评价她："温柔的你能够团结同学，对人有礼貌，能够为集体做出贡献，有较强的求知欲望。希望在新学期里，能够大胆举手发言，表达出自己的想法，继续努力哦！"

我想，这些评价也证明了我所有的努力，都在让孩子朝着好的方面积极成长。

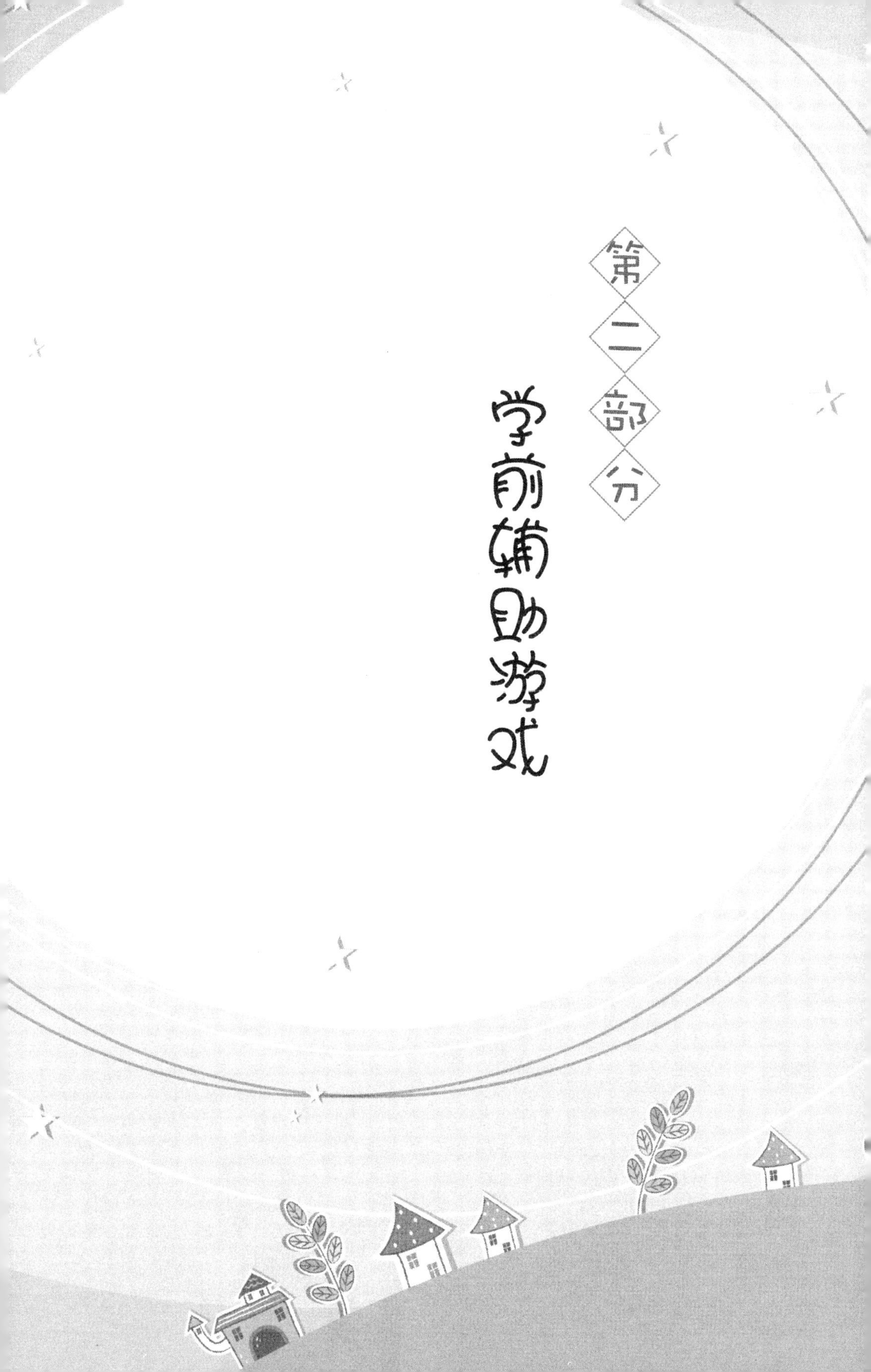

# 第二部分

# 学前辅助游戏

王小妞出生以前，我从没有完整阅读过任何一部育儿书籍，怀孕以后没有关注过胎儿的成长轨迹，更没有特意为胎儿补给任何有益的营养。出生后，除了第一个月迫于压力，不得不像模像样地喂了几次宝宝，之后到她喝配方奶为止，我喂她的次数屈指可数。3岁前，我只给她买过两件衣服，因为买的不合身，她根本不愿意穿，我也懒得再买了，反正姥姥买的都很舒服……

就这样，小妞在姥姥和姥爷的关爱下开始了漫长的成长，而我也开始了我的懒妈妈生涯。

因为她很重，我拒绝抱她，直到她会走，才手拉手陪她成长；因为她要听很多遍故事才罢休，而我不是讲了半截就自顾自地呼呼睡去，就是买了听书软件替我给她绘声绘色地讲好听的故事；因为陪她玩游戏实在腰疼，所以我早早地把她送进幼儿园的大门；在她频频生病后，因为医院人实在太多了，我又赶紧把她带回家来，交到姥姥姥爷手中……我甚至在超市挑选商品时，从妈妈说“宝宝呢”的问询中惊愕地抬头，才想起购物车底下儿童车里王小妞的存在。

我到现在还记得怀孕那会儿，妈妈常对我说：“你现在觉得难受，想赶紧把孩子生出来，等生出来你就知道，还是让孩子在肚子里省心得多了。”然而到了王小妞3岁的时候，我还觉得这话简直是天方夜谭：明明是生出来后轻松，在肚子里完全是我一个人的痛苦。

我就这样浑浑噩噩地当了几年懒妈，老公偶尔也会生气地说：“你怎么还能像没有孩子一样？你根本没有一个当妈妈的心态。”那个时候的我，并未感觉自己有多么的出格，无非觉得自己算是天下妈妈中稍微差一点的那一类而已。当妈妈以后能是什么心态？我茫然无措地看着老公，不知所云。他说：“那天你一个人坐在卧室看电视，孩子发烧，全家人都在忙碌，你就能视而不见。”我很奇怪地回答他：“我看见了，但忙不过来自然会叫我了啊，反正我主动过去也是添乱，我才不去呢！”而在这期间，我做的最多的事情就是不停地给王小妞买各种各样的益智玩具，顺便也弥补下我儿时因为玩具匮乏所留下的缺憾。

那时，我把淘宝网上和苹果iTunes里所有适合7岁左右孩子的各种教育游戏，彻头彻尾地搜罗了几百页，包括益智类、户外类等游戏，然后又选了好多新玩具买回家。这倒也为我后来发明游戏提供了很多思路。而那时的王小妞，对于我来说就像一个“大玩具”，玩累了就把她交给别人“保管”，想她了就拿来逗逗、解闷……

这种情形到王小妞3岁以后，开始发生了微妙的变化。

王小妞3岁了，忽然开始频频找我互动。也许是姥姥姥爷的游戏实在乏味，也许是小朋友间的抢夺让她觉得畏惧，也许是手机游戏不再能提起她的兴趣……总而言之，她开始天天腻着我。开始时，我还有兴致把我喜欢的游戏兴高采烈地陪她玩一遍，但没多久，我就开始不耐烦了。可这次似乎推不出去了，我上网，她不停地和我聊天，弄得我无法专心；我看电视，她就在我身边转来转去，甚至用小小的身躯挡住屏幕，并拿来最漂亮的玩具（她平常舍不得让人碰的那种）企图诱惑我……这点小猫腻怎能真打动我呢！但我还是不得不敷衍她。久而久之，为了能每天稍微轻松点，我开始琢磨一些我喜欢、也能带她玩的游戏，比如“地图游戏”！

那是我玩具堆中一个极为普通的世界地图的木质拼图，上面清晰地标注了很多国家。在我出国旅游不知去哪里的时候，一直后悔自己没好好学地理，于是，我只好到处查找资料，整理旅游攻略，了解各国的旅游胜地、风俗习惯、当地特产……和王小妞玩起“地图游戏”后的不久，我惊讶地发现，我们俩记住了几十个国家的位置和特点，可以闭目绘图。当电视新闻里讲到某个国家的时候，小妞随口就可以说出那个国家的大体位置和特色。

汶川地震后，我们又开始玩“安全游戏”。我恶补了火灾、地震、海啸、洪水、电梯等灾害的逃生方法，在积木和玩偶中做起了“演习”……

就这样，我们越玩越起劲。王小妞激发了我继续学习的兴趣和欲望。她对世界充满好奇，这成为我利用“百度”慢慢探索的动力。每当我学到很多知识，了解了很多以前不认识的事物时，除了自己欣喜若狂，还让我错愕的是，小妞竟然也不知不觉地掌握了这些知识，这是我不曾预想过的。首先，我没想过教只有3岁的她“学习”；其次，我更没想到她居然能理解、记住这么多知识，完全不可思议。在那个时刻，我很有成就感，甚至有点“不劳而获”的窃喜，原来简简单单地玩游戏，就能让孩子学到这么多东西啊！

我们还开始了各种各样的运动。小妞陪我健身，陪我减肥，陪我跳跳舞毯，陪我购物……反正不论我想干什么，她都会忠实地守候、陪伴着我。慢慢地，我们越来越亲近了，我也越来越离不开她了。我忽然觉得，我对她几乎没有任何的给予，完全是安心的享受。快乐的时候，心口也开始隐隐作痛，老公在我心目中的位置也开始发生转移，从“第一”转为“其次”。我开始反思自己的状态，想为王小妞真正做点什么，不再做“以自我为中心”的懒妈妈！

回头看看自己的路，忽然觉得自己以前是那么的可耻，竟然忽略了人生最重要的财富，没有好好呵护这个可爱的精灵。她从来没有带给我负担，一味地给我快乐。我为自己对她的无所作为后悔不已！真正的快乐是给予，王小妞的眼神提醒了我。

现在的我，是处于转型期的“懒妈妈”，我很感谢从怀孕到孩子4岁这些年来老公对我的默默忍让和宽容，等待着我和宝贝一起慢慢成长。我开始有很多教育梦想，虽然步伐很迟缓，但毕竟已经迈出了第一步，慢慢地摸索与前进。我开始阅读关于育儿的书籍，关注育儿的方法，实践“快乐教育”的理念。我设计了越来越多好玩的游戏，这些游戏让小妞不知不觉地学到了很多新知识，而我也在这个过程中获得了成就感和快乐。我们每天一起玩啊玩啊，竟然还是玩不够。看着她的快乐成长，我感到无比欣慰……

# 一 “魔法”启发爱学习

小时候总是觉得学习很枯燥，甚至抗拒学习，但现在每天引导孩子学习，没有了考试的压力，陪伴和引发孩子兴趣的同时，发现自己学习的热情竟然也被激发出来。原来地理这么好玩有趣，原来英语张口并不是太难，原来音乐可以这样玩，原来国学可以边玩边学……

我忽然体会到，且不说学习知识能够让人获得更多机会、实现更大价值，仅仅是“学了就知道”这件事本身，就足以让人乐开了花。

现在很多给孩子看的书知识量很大。当我和孩子随手翻阅这类书时，因为没有应试压力，没有督促与逼迫，两个人舒舒服服地晒着太阳，边品茶边看书，就能知道那么多从来不知道的事，然后两个人张目结舌地对视——还有这么神奇的事情，多好玩啊！于是我知道，人天生就是好学的，学习本来是一件快乐的事，只是一些老师和家长无形中施加的压力，才让孩子们如我小时候一般觉得学习很无趣。

有一件事在我心底埋藏了很久，使我在成年后一直有一种很深的遗憾。我总觉得我上学时学得不够好，跟家长没有给我一个正确的动力是有责任的。我永远记得上小学时我问父母学好数学、地理、历史以后干吗用，他们的回答是："为了工作，赚钱，分数够了才有工作，你学就是了。"到现在我还记得听见这个回答时的失望——工作对幼年的我来说，遥不可及，我根本理解不了工作的意义，所以这个回答没有给予我积极学习的动力，反而让我觉得学习就是为了分数而已。很多东西背下来或突击一下就行了，只要能拿到分，管他是真会还是假会呢！从我内心深处，根本不想了解其所以然，只能粗浅地学点皮毛。这样体会不到学习的乐趣，自然也就更加不好学。

可是到我成年后，对知识却越来越渴望，求知欲就这么突然迸发出来。后来，我一点一点地学会了很多电脑知识，用"百度知道"作老师，不断补课。我越来越后悔上学的时候怎么没好好去了解我现在想懂得的事，常常有"要是能重新补习一次该多好"的感慨。

因此，在我有孩子以后，我一直想把这种感受传递给她，我想发自肺腑地告诉她："求知真好，探索一个个问题、追寻答案的过程很美妙！"

其实我后来也去学校进修过，但那种枯燥的学习方式还是让人乏味得想睡觉。进修的大部分课程还是应试科目，也难怪令人头疼。

学习在很多人眼里是最苦的事，其最主要的原因就是没有兴趣，不喜欢。而大家对于有兴趣的事，学习过程再苦再难，也不会觉得累。比如，很多成年人为了在游戏里争夺"霸主地位"，彻夜研究游戏参数，一点点地计算装备分数、攻击系数、统计概率。你看着累吧？但人家还很享受呢！

而另一个让学习变得苦闷的原因是，每种知识每项技能都有它的难点，需要下大气力才能攻克，打下基础。比如钢琴需要练习，数学需要不断地锻炼逻辑思维能力，语言需要学习大量生字、词汇做铺垫，而地理、历史需要对地图或年代背景有很好的记忆。如果能攻克这些难点，

再加上有兴趣，学习怎么还会费劲呢？

为什么我们成年人学某些知识相对不那么吃力？因为我们往往会选择自己有兴趣、且具备了一定基础的知识或者技能去学。比如，我想学电脑，我识字又能看图，只要再一步步去反复对应练习就够了。但如果让你学医，或者让你去学一门从来没接触过的语言，没有基础的你马上就又会觉得学习很痛苦。大人如此，孩子更是。我们怎样才能让孩子在不知不觉中，对一门知识或者技艺产生兴趣，又怎样才能帮她轻松地打下学习的基础，这就是我们家庭教育的主要任务。

如果你的学习方法轻松、有趣、好玩，让孩子乐于追着你学习，那就完美无缺了！当然，老公提醒我，即便你开发了孩子对所有学科的兴趣，但上学后在那么多学科集中学习的压力下，她可能又都厌倦了，到那一天还是会觉得苦。那我们就尽可能地延长学习的“快乐期”，推迟学习“痛苦期”的到来吧。

于是我努力用游戏引导小妞的学习兴趣，尽可能地抵抗一些应试压力，让一部分知识基础在她自由的玩耍中学会，让孩子带着问题和求知欲去课堂。打好学习基础之后再去学习是不一样的，就好比去一个旅游景点玩，如果你从来没听说过这个地方，不知道其特色，那你就得靠运气才知道这地方适不适合你。如果你对这个地方略有了解，就可以根据自己的喜好制定路线和攻略，才能更好地满足你自己的需求，玩得更尽兴。

王小妞现在特别好学，教过她的老师也都评价孩子知识面很广，很乐于接受新知识。那么，到底如何通过游戏来激发孩子的兴趣，打好学科基础呢？听我慢慢介绍吧。

## 1、求知本是自然欲，加上游戏更刺激

一天，和王小妞玩着“小魔仙游戏”，她问我魔法咒语到底是什么，让我教教她，她好去实现她的愿望。我一时语塞，脑子一转，随口说魔法就是“知识”。

小妞以前听过爱迪生的故事，我就跟她解释，电灯就是爱迪生的“魔法”，本来世界一片漆黑，人们只能用蜡烛照明，但火又很危险。爱迪生通过好好学习，用“魔法”照亮了世界。

王小妞听了，一副很神往的样子。我继续告诉她，遥控器为什么可以让电视换台？也是因为“魔法”。我还向她讲述了电话、武器、医药等知识，告诉她，人类原本打不过老虎、狮子，但有了知识，我们可以轻而易举地制服它们。知识，就是“魔法”，它能让我们的生活更幸福，更方便。这也是为什么人都要去上幼儿园、上学的原因。

不久后，小妞经常会跑过来跟我说：“我以后上学要好好学习，将来给姥姥发明一个走不动时能带她到处走和飞的椅子；我以后会发明比核武器还厉害的武器，让我们的国家不再受其他国家的侵略；我以后会发明能让人在月球上随意呼吸的机器；我以后会发明一种药，让你们都活1600岁……”虽然有些想法实现起来有点困难，但我并不会打击她的想象力，我告诉她，我们将来美好的家园就靠她和她的小伙伴好好学习，掌握“魔法”来实现。

家里很温暖，能玩的游戏太多了，加上我不上班，又有姥姥和阿姨的陪伴，王小妞偶尔会不想上幼儿园，但她从来都不讨厌学习。我问她为什么不想去幼儿园，她说因为那里没有家里自由，还说，要是能在家学魔法多好。我告诉她：“魔法是方方面面的，比如，语文可以让你从电脑里用‘魔咒’变出字，让你给爸爸妈妈写信，让你把声音变成能看懂

的字；数学可以让你找到把所有东西改变状态的魔法；音乐可以让你听到自然的声音，听懂动物的语言，会和宇宙聊天；绘画可以让你把任何看不到却能想到的东西变出来，创作自己的科幻大片；地理可以让你带我们逃避灾难，走遍世界……这一切，爸爸妈妈仅仅懂一部分，而老师就像孙悟空的师父，专门在一个地方教授聪明的小孩。你们要接受选拔，只有聪明、爱问问题的孩子，才会被敲三下头，得到老师的真传。我们小时候也是先在魔法学校学习，然后再运用魔法在工作中不断修炼的，才有现在的好生活。所以，幼儿园是你现在学魔法的场所，你是被选中的孩子，好好在那里学习，将来会有更大的能力，帮我们把生活变得更美好。”小妞有些着急，问什么时候才能学到爸爸妈妈那么多“魔法”。我告诉她，想变得厉害，魔法越多，需要学得越久。这个要看她自己了。

王小妞是个很好奇的孩子，当我不能准确回答她的问题的时候，我都会上网搜索答案，尽量用她能听懂的儿童语言进行“翻译”。现在的王小妞再问问题，如果我答得慢了，她马上会让我快去上网查资料。比如，她听说毒蛇血清也可以治病，我就带她在电脑上看取血清的过程；她听爷爷讲当海军时候见过的鱼雷，便追着要看鱼雷的视频……满足了孩子的好奇心，孩子就会不停地问，会敞开想象，会边玩边思考，还会滔滔不绝地说话，练习口才。

让她爱上学习是我的愿望，也许这个愿望会随着学习的艰苦、竞争的残酷而削弱，但从“想要了解”，到“必需弄懂”会慢慢成为一种习惯，这个习惯会引导孩子学会克服困难，不断学习，为自己的“魔法目标”而奋斗。我想，如果我给孩子绘制的世界是彩色的，充满想象力的，那他们也会配合我，让这个美丽的画面更加丰富。

## 2、运动学习两不误，相信科学新理论

让孩子玩“学习游戏”，是为了利用学科的特点和人类的身体优势来激发孩子的兴趣，帮他们积累必要的学习基础，最终达到学习知识的目的。

研究显示，孩子在12岁以前记忆力最好。那如何更好地利用这段时间，让孩子尽情地去玩、去尝试、去体验呢？

例如，语言学科类的语文、英语甚至音乐，其实语感、韵律、音准的慢慢形成是很费时间和精力的。如果知道这一学科特点，从孩子一两岁起，就有计划地给他（她）播放一些儿歌、古诗、名曲、有声故事等，对培养孩子的这种感觉非常有用。在孩子做手工时播放、户外跑步时播放，用两三年的时间，很多孩子不知不觉就领悟到语感和韵律了。这就像有的流行歌曲在各个电台、电视中不停地播放，即使我们不去专门学着唱，照样可以哼出来。

我看过很多文章介绍学习古诗的好处。古诗里有中国千年文化的精髓，它简单扼要地就把事情叙述完整了，而且很形象。领悟到这些，对提升人的表达能力很有帮助。而多读诗歌，既可以让人有文化底蕴，也可以提升人的气质。如果让孩子们上学后拿着书本啃，死记硬背，效果必定是极差的。那为什么不早些利用起孩子们玩的时间，反复播放，让他们听到心里去，甚至顺便就听会了呢？

一篇8个篇幅的《弟子规》，王小妞一边做着手工一边听，一个月就听会了。而在幼儿园时，《三字经》由幼儿园老师带着复读，每天读半小时，一学期才学会一半。我们打着羽毛球听歌，能让打球更有趣，让音乐融入运动中；我们玩着手工听着神奇的故事，偶尔还会把故事有创意地体现到作品上；我们跟着英语儿歌手舞足蹈，很多关于身体的词都学

会了；到孩子上学后，必考的古诗60首，我提前搜寻并拆分一年级到六年级不同的诗歌，每年夏天奔跑时听一个月，后来倒背如流……用这些边听边玩、顺便培养基础的方法，王小妞上学后，学习起来很轻松，玩的时间更充裕。很多妈妈看我发微信，天天玩手工创意、演奏娱乐、户外奔跑，都惊讶地问我："你们的时间是如何安排的?"

其实这些语言类学科的基础，平时孩子听得多了，自然就打得很牢固，相关学科的老师教导起来也会更省心。同样的诗歌，孩子读出来有模有样，富有韵味，抑扬顿挫，得到的表扬就会多。老师经常表扬，那么她学习的热情也会随之提高。

我还记得我学英语时，老师总批评我发音不好，结果使我越来越不爱学习英语。现在跟着孩子听了两年英语，我的英语发音标准多了，说起来也不觉得那么难听了。要知道刚开始教她的时候，我也是极羞于开口的。

## 3、启蒙阶段很关键，找对老师很省心

俗话说，师傅领进门，修行在个人！好的启蒙老师会让孩子事半功倍。好老师不一定完全是知识水平高，另外，还要与我们的教育理念接近，了解我们的期望也很重要。

现在的家长对孩子未来的设想不同。有的希望孩子成绩卓越，出人头地；有的希望孩子童年快乐，健康成长；有的希望孩子动静结合，全面发展；有的希望孩子和国际接轨，视野宽阔……所以找老师前，我们需要清晰地表达出自己的需要，对老师也要做细致的考察，这样才能配合得更好。

我朋友的小孩跟着一个资深的钢琴老师学习，这个老师比较严格，不管孩子的个性是什么样的，一律进行严苛的训练，教出来的孩子还真

是不错。但一段时间后，中途辍学的孩子却是更多。那些不愿意强迫孩子每天练习的家长和孩子一起被这位老师苦苦“折磨”，困顿不堪，而孩子的抵触心理越来越强烈，甚至后来换了老师也挽回不了孩子对钢琴的兴趣了，最后只能对学钢琴这件事不了了之。

现在的培训机构各有其教学方法。有的先教知识，再实际操练。比如，日本运行多年的钢琴系统教学法，会先带孩子们学习一年音律，注重听音游戏和学音乐前的准备，这样上手的时候孩子的心态会很轻松愉悦。而我们国内的钢琴教学则是上来就让孩子学琴，进行长达半年的毫无音律感受的枯燥、单调的敲击练习，让钢琴的起步变得无比艰难。那时我就在想，如果再有第二个孩子，我是断断不会让他（她）再这么早就接受如此枯燥的音乐启蒙了。

另外，以我们妈妈圈的交流经验，不能光注重老师的专业水平，喜欢孩子的老师更适合一些不准备把孩子培养成“专家”的家长。上过很多课外班以后，我发现孩子们喜欢能“快乐教学”的老师，这些老师往往也是能够创造出很多游戏形式的高手。所以，初学课外班的家长参加试听课，可以看看老师有没有游戏式的启蒙，以及这些游戏的水准，这可以作为一个好的参考条件。老师懂得通过游戏快乐教学，至少不会让你花的钱打了水漂，还让孩子丢掉学习的兴趣。

## 二 百科知识小博士

地理类游戏是我最骄傲和最想分享给大家的。虽然说的是地理，但我早已经把这个学科延展为一个微缩的小地球、小世界，一个可以了解我们这个蓝色星球方方面面知识的起点。这样可以激发小朋友以“地理”为基础、为起点，对更多的学科产生兴趣。包括地理、历史、科学、军事、经济、政治、民生、科普知识等，都能让孩子边玩边有所了解。让孩子主动地、强烈期待了解这些知识，能为他（她）以后各方面的学习打下基础，让孩子带着学习基础和求知欲走进课堂。

我是怎么设计出这些游戏的呢？说起来还真是“水到渠成”的一件事，我来跟大家分享吧。

王小妞在3岁以前，表现出了很强的动手能力（后来我发现，培养孩子的动手能力，对培养他（她）的毅力和耐心很有帮助）。我买了一箱子手工书，带小妞的阿姨是个手工能手，不但什么都会，而且特别耐心细致，没事就带着她练习书上的手工。到3岁多的时候，王小妞利用夹子、针线、双面胶、透明胶带或者各种零件来完成手工制品就已经很驾轻就熟了。甚至5岁的大孩子玩的雕刻橡皮章，一些小家务，她也完全可以掌握。她做的东西在同龄人的作品中非常不错，而后，这些手工强项也让我们在很多游戏的配合上得心应手。尤其很多富于灵感的创意，是需要小妞在想的同时也好实现，才更能激发她的热情。

刚开始的时候，我没怎么插手王小妞的日常生活及游戏，直到老公勒令我每天至少和孩子玩两个小时后，我不得不带着任务，“被逼无奈”地和她开始玩。最初无非是玩些积木，念故事等，但这些游戏虽然她玩得兴高采烈，我却无聊得每次都险些睡着。那时候没有iPad，书要我来念。小孩子好像都是喜欢一个故事听若干遍，一遍又一遍读还没法糊弄，你少一个字她马上指责，因为她早都背下来了。我那个烦呢！我想，我必须找个她喜欢，我也爱玩的游戏，不然这样下去太无聊了，我根本就坚持不下去。

那会儿其实我已经买了很多玩具。我翻箱倒柜地找出了地图，我想就它吧，反正我上学时虽然地理经常考满分，但真正进入脑子的知识少之又少。比如，虽然知道丹麦面积多大、人口多少、主要特产及气候，但其实它到底在哪儿呢？在地图上的位置是哪里？国家究竟是有多大？我心里一点概念都没有。就好比从外星系上飞来的一块陨石，老师让我们记住它的大小、主要特征，我能记住，却觉得它跟我一点关系都没有，只是机械地记住，一点都不想深究。现在经常旅游，加上开始爱看时事新闻了，所以特别想对其他国家的事情有更深的了解。

于是我想，就玩这个地图吧，我也顺便学学。

## 1、百科科普是基础，地图游戏游世界

在我找到这个既能补充我的知识，又能和王小妞一起玩的游戏后，我开始考虑这个游戏的玩法。

我们家里有很多小人、小车、小飞机，我整理了一个袋子，第一天尝试用小车带她“游览”各个国家，但效果不是很好。当我说飞去美国吧，她就在我的带领下把小车开到地图上美国的位置，然后她说：“我们抓兔子吧。”我当时忽然就意识到，这样玩就算知道了这个地方，对我学习的帮助也比较小。既然玩，不如顺便把这些国家真实的内容也灌输给她不是更好？可是我对这些国家的特色也了解甚少，怎么办？而且太难的我一下也记不住。

想着想着，我有了个妙招。于是当天夜里，我上网把著名旅游国家的特色景点搜寻一遍，并把他们用纸记录了下来，第二天再玩就有意思多了。

我拿着小飞机说“咱们去加拿大看枫叶吧”“去美国看好莱坞电影吧”“把坏蛋关到澳大利亚的弗里曼特尔监狱吧（世界十大著名的监狱景点）”“到丹麦找卖火柴的小女孩吧”“去瑞士给姥姥买块手表吧”“去罗马看角斗士表演吧”“到德国取黑啤去智利看足球比赛吧”“去瑞典滑雪吧”……

我们就这样玩着，顺便把我记录的国家特色全都教给了她。大概用了3天时间，50多个比较知名的国家她都记牢了，而我也全记住了。要知道，在学校学了那么多次，背诵了那么多遍国家特色，我也没搞清它们究竟在哪里。当时的效果特别令我惊讶！我那个时候只是为了玩，而且有意识地教她些真实的东西，但对她根本没有期待什么结果，就是为了好玩点而已！

陪王小妞玩了三年多，我学到了很多特别好玩的知识。比如，玩到希腊的时候我随便说了一句：“这里有雅典娜女神。”其实我只知道有这么回事而已，但女儿非让我讲雅典娜女神的故事。于是我找资料，知道了波塞冬、雅典娜还有宙斯的春天女神和他们之间的纠葛。那些特别好玩的神话，我讲得都入迷了，她就更甭提了，一遍一遍让我讲，甚至超越了她对白雪公主的痴迷。说到埃及，我又给她讲金字塔，还搜出“埃及艳后”的图片给她看；后来，又玩到了墨西哥，我就给她讲玛雅文明……就这样，她到3岁多已经了解了很多国家的特色文化及宗教信仰。

之后，我们还用瓶盖当作月亮，把台灯当作太阳讲了地球与太阳、月亮运转的规律、昼夜的关系和四季的现象，以及赤道远近不同气候的区别。小妞还设计了我们以后移民的地方，她说要去四季如春的新西

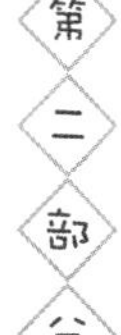

兰，不过因为岛国地震频发的原因，她又决定移居澳洲。后来王小妞因为这个游戏对科普书籍特别痴迷，《神奇校车》《宇宙探秘》《宇航员的秘密》等，三指厚的百科全书，她也会借来津津有味地阅读。现在王小妞的课外读物，最挚爱的类型始终是百科全书类。我跟她把不同版本的涉及古生物恐龙、宇宙太空、地理冰川河流地质结构、动植物、人体与自然奥秘、旅游国家等书籍看了个遍。通过地图，她那个时候还学会了几大洲、几大洋，并了解了加勒比海盗和索马里海盗以及神秘三角洲。每碰到一个我想教的东西，我都能在地图上找到好玩的方案，这样我和她都学到了方方面面的知识。这个游戏到现在我们还很喜欢，并且玩得更高级了。

## 2、世界好玩有风险，通过游戏懂安全

普及完常识，我们又正好在她学空间方位的时候，玩“走丢了”游戏。假装两个小人走丢了，让她用其中一个小人对另一个小人指引怎么从南北或者上下、左右途经哪国回家。这样既锻炼了她的表达能力，也学会了空间方位。

再之后，我们还用买的工程车“救援过”汶川地震区，重新盖大楼了解了各种工程车的作用；日本海啸地震时，我又用地图带她玩逃生游戏，用我们的小飞机、小轮船、小急救车带着小人，寻找安全保障体制好的国家逃生——还提及了中东八个国家因为对女性有歧视暂时不要过去。这期间，顺便讲了一些国家的关系、联合国的作用、军事力量等知识。我们看到马来西亚绑架案、泰国的动乱，在地图上游戏选择随时调整我们旅游的计划，真正体会到知识可以更好地保障我们的安全。

我记得有本书中曾提到这样一个故事：妈妈和儿子坐飞机，一个发动机出现了故障，需要返航。当时妈妈紧张得不得了，还怕影响孩子而

故作镇定，但儿子始终气定神闲得等待飞机降落。妈妈好奇，以为孩子是心理素质好。结果孩子用书里学到的知识解答了妈妈的疑问，那个十几岁的孩子说："我们乘坐的是空客330，书上说这种飞机是双引擎的，即使一个坏了，靠另一个也可以坚持180分钟，而返回的时间只需要60分钟。退一步说，即便两个引擎都坏了，这款飞机也能滑行200公里，足以安全抵达预定地点。"

知识就是力量，即使孩子们还没有足够坚强的承受力，但知识可以帮助他们在面对突发状况时战胜恐惧，泰然自若。

我们也结合新闻和地图游戏，了解了印度等国家航空管理的缺陷，懂得了安全选择航空公司，不要单以价格作为最重要的选择依据；我们了解农作物的知识，更加关心食品安全；在智利地震、香格里拉火灾、印度尼西亚踩踏事故后，我们在地图上学习相关的逃生知识，并在家演练；我们还用积木在地图上搭盖房屋，看怎样的结构设计，在地震时更容易矗立不倒；然后我又顺便普及了处于地震带的国家，我们一起研究地震发生的起因，了解了板块碰撞等科普知识……

地图游戏最好玩的地方在于它的开放性，"走"到哪儿讲哪儿，是一个怎么都玩不够的游戏。还记得我上初中的时候，曾那么艰难地背诵那些位于地震带的国家，如果当初我有王小妞这样的基础，对国家的位置已经像对家里家具摆放的位置一样，闭着眼都能画出来，这种问题简直易如反掌。以前看电视，很多知识抢答节目，自己一道题也答不出来；现在边玩游戏边学习，虽然不如王小妞记得熟，但也能试着答对很多问题了。我想，丰富的知识储备不但能让孩子在课堂上的学习变得更轻松，也能让她以后的谈吐更有内容，能帮她结识更多志趣相投的朋友。

## 3、各种知识记得牢，新闻游戏来巩固

有一段时间，我爱上了看新闻，王小妞就跟我一起看世界新闻和国内新闻玩。

利比亚战争时，她和我研究如何躲到地中海的对面，要远一点，不能被核武器击中，又不能太远，因为拖家带口不方便；看到以色列战争中的孤儿，她和我一起想办法"安置孤儿"，查阅哪个国家的福利院对孩子的成长更有利；有国家暴动了，她马上翻出地图，用她的小警车及时"救援"，及时把伤者送到医疗体制先进的地方；她了解到战争的残酷，也知道了国家的军事力量多么重要，还顺便学到了当年八国联军侵华的那一段沉痛历史……她说希望以后和同学们学好知识，变出魔法武器，让中国成为世界强国，再也不受这样的欺负。她看新闻了解了钓鱼岛事件和日本的核爆炸，强烈要求家人不要再买日本的东西；她看到H7N9的新闻，在我睡觉时叫我赶紧起床，要我查这种病毒的相关知识和黑死病等事件的危害；她在邻家小朋友到我家串门时想看动画片的时候，说她更喜欢看新闻……

王小妞现在就像我身边的"新闻通"，很多消息都是她比我知道得还早。H7N9病毒刚开始出现时，她就告诉我："妈妈要少吃鸡，勤洗手，这是电视里大夫说的啊！"她经常和我汇报她又通过新闻得知了什么突发事件，然后赶紧找出地图，做相应的"安排"。马航飞机失踪的时候，根据新闻提供的地址，我们还研究了洋流，她说想帮忙画出可能会涉及的区域，便于救援队更有力地搜寻！她画的画里，机场安检有护士打针是源自新闻，并在旁边自己设置了"癌症义诊台"。在她英文落后于班级同学时，我们还在地图上玩动物因全球变暖而逃生的游戏，来反复强化学习动物的英文名称……

反正能想到的生活的方方面面，都可以在这个小小的地图上延展。利用好这个小游戏，既可以让你和孩子度过很多欢乐的亲子时光，也可以让孩子学到无限的知识，对世界保持一颗好奇心。有了这样的知识基础与求知欲，还怕他（她）对地理、历史课不感兴趣吗？

# 三 不知不觉识千字

国学因为跟我们的传统文化息息相关，按理来说学起来应该很简单，但如果想在入学前就掌握过千的汉字，也不是件容易的事。

虽然很多教育专家不支持过早学习学科知识，但现在上学后，老师发的最多的班级信息，仍然是让家长尽快带孩子认字。因为如果孩子识字不多，不但学语文困难，连数学应用题也会因为不会读题而无法运算。当王小妞读一年级，一周学习20个生字，只用默写一遍就能到楼下玩耍的时候，部分家长还要带孩子每天练一小时的生字默写和认读。一年级就要会读和写几百字，任务不小，但现在王小妞完全可以玩着就把这些字掌握好，而不用刻意地死板教学。

带孩子学习生字的渠道有很多，如通过微信练拼音，学会词语；看着路牌广告，走到哪儿念哪儿；一起听看iPad绘本；用拼音识字的游戏来巩固……这样就可以快乐轻松地在入学前掌握千字。而国学古诗和经书部分，主要就靠平时玩的时候多听，自然而然就学习了。至于写作部分，如果能让孩子写写日记更好。在王小妞刚上一年级的时候，她在我的引导下，有了写作的兴趣，但是因为会写的字还是太少，所以没法下笔成文。

后来，我想孩子愿意写作，我们就要想办法鼓励她敢于去写，去表达。于是，王小妞再有写作灵感的时候，我就让她用微信语音一句一句录制下来，不满意的，撤掉重录。这样做的好处是，不影响孩子构思的连贯性，不然一边写一边翻字典，灵感转瞬即逝，写作热情会受到影响。先用微信的方法“口头作文”，也一样可以修改。等“完稿”之后，再自己慢慢默写到本子上。这个时候再有不会的地方去查字典，就不影响整篇作品的构思了。用这个办法，刚上学的小朋友也可以写出长篇故事哦。

王小妞现在写作热情高涨，她还计划要写“詹妮参加生日会”“詹妮荒岛求生”等系列故事呢！小妞说：“妈妈，我发现作家可以规定人物要干什么，很有趣。”我趁机又跟她讲了作家在创作前需要体味人生，把经历的挫折都看作丰富生命、储备素材的过程等，鼓励她开阔视野，打好基础，早日写出自己的鸿篇巨作。

## 1、各种方法学识字，省时省力又高效

其实对于学认字，我的经验就是“走到哪儿认到哪儿”。比如看到广告牌、路牌、灯箱我就让孩子跟着我读；看报纸、新闻、电视我陪她念字幕；家里多放挂图，多陪她玩iPad上一些关于识字的游戏，例如“悟空认字”或“2Kids识字”软件。

有时我懒得为她读书，就下载很多有声图书软件给她看。我总会在手工或游戏中，轮番播放下载的500多个绘本有声故事，让她连看带听。

有时候她会要求重复放她喜欢的故事，这些都对她后来扩大识字量起到了很大作用。

下面我会具体介绍这些图书识字软件名称。我在挑选的时候也是花了一番心思的，因为是要在电子屏幕上看，为了保护孩子的视力，界面首先不能闪烁不定。包括能锻炼逻辑思维的数学类游戏，我也会选择变化不大的画面。而且也要注意控制时间，电子游戏一天也就玩15分钟。由于我跟孩子玩的游戏很多样，游戏程序更新又很快，她基本没有痴迷过电子游戏。她总在等游戏更新换代的同时，就用这些游戏当作“习题”一样巩固了各科的知识，也没有损害视力。我非常注重保护孩子的眼睛，当她的很多小伙伴都戴上眼镜的时候，她的视力还是极好。我现在把“保护视力很重要”这个理念教给了她，让她学会自己去小心翼翼地呵护眼睛。

另外，要买些好看的小卡片、明信片、小装饰物品和丝带，在孩子有一定书写能力时，多鼓励孩子写写画画，把带着心意的“作品”送给老师和同学。这样不但培养了孩子的情商，也让他（她）练习了写字、画画。因为是送人的礼物，孩子往往会更认真，也避免了总在练习本上书写的枯燥无味。

王小妞画画时一般会配上文字，这样就在不自觉中愉快地练习了写字。还可以鼓励孩子给古诗词来配图，顺便联系通读。另外，推荐一个很好的软件叫“麦斯故事屋”，它能让孩子自己录制自己编的故事，并能为之配图、配音乐背景做成绘本故事。小妞特别喜欢玩这个游戏。这个软件很好地锻炼了孩子的口才和表达能力。

在上学后我发现，那些没练习过握笔，更没练习过写字的孩子，刚开始写字会非常吃力，很耽误时间。如果不在上学前多做相关练习，只靠老师在课堂上慢慢教，孩子学起来是很困难的。

## 2、学前就要会拼音，多学多练有诀窍

学拼音是件麻烦的事，让孩子掌握娴熟更是有难度。也许有的家长认为不用着急，反正孩子早晚都能掌握。但是一年级的数学有很多应用题都有大篇幅的文字和拼音注解，如果你要等孩子自然地去掌握拼音，估计他（她）一年级的数学和语文都会跟不上。且不说我们对孩子是否有学习上的高要求，单看孩子的自信被挫伤、不得不天天恶补拼音而不能下楼玩儿，只这两件事，就足以让父母垂头丧气、后悔不已了。一些教育书上总是说早教会有什么消极影响，但是各位家长请想一想，在应试教育偏重的大环境下，“晚教”也会对孩子有消极影响的，而且这种影响更直接：同学的“舆论打击”会影响其自尊心，老师的压力影响孩子的自信，孩子自己也会觉得沮丧，甚至产生自我怀疑……你真的觉得轻飘飘的一句“我家重视素质教育”能替孩子挡掉这些不好的影响吗？

我有时候真的不明白，我们的教育论调为什么总是非黑即白？要么就是死记硬背的填鸭式教育，要么就是完全的撒手不管，美其名曰“素质教育”。为什么我们就不能平衡这两点，尽量选择好的方式，既能让孩子快乐地玩耍，又能把该掌握的知识就全部掌握呢？

所以，我一直在践行“游戏教育”，立志要通过游戏，让孩子掌握知识，快乐学习。

为了帮孩子把拼音掌握娴熟，我设计了一个简单的游戏，不但只用了两个月就让孩子在游戏中掌握了拼音，还拉近了孩子和老师们的距离。

学拼音之前，我听说很多家长会在孩子上学前送孩子去“拼音突击班”，学费两个月大概5000元左右。这样的学习班要占用孩子两个月宝贵的娱乐时间，我可不想为之！好在王小妞所在的幼儿园大班每天都有一小时的“模拟课堂”，教了5个多月拼音，只是达到了孩子单个会念的程

度，拼读还是很困难的。小妞在幼儿园学习拼音的过程中我没参与，因为家里人说，拼音老师教的音准会比较准确，但我还是配合老师进行了大量的“辅助教学”。

在很多拼音动画教学游戏里，孩子只爱玩“2Kids学拼音”游戏，但同一家公司出品的另一款叫作“2Kids学字”游戏她就又不太感兴趣了。参考购买“悟空识字”交了200多元钱小妞却没玩多久就扔在一边的代价，“2Kids学拼音”我是分阶段续费的，每半集18元，效果还可以，不过还是没有微信和电脑的作用强大。

现在的科技真的很发达，只要你动脑或用心，助学工具比比皆是。为了教拼音，我尝试性地教她玩微信。这个想法还是源自《北京晚报》介绍崇文小学考试的一篇文章，介绍老师们用孩子给家长发信息的方式，来验证学习效果。只可惜，这个方法对王小妞这个年龄来说还是太早了。在她刚学会声母时我就教她玩这个游戏，弄得险些“不可收拾”。例如，我发微信问她一句话：“你今天去幼儿园高兴吗？”她回答的“高兴”都是有韵母的，她暂时还不会，但兴致上来了，非要提前学。我只能帮她写了一张拼音表，还画了一个键盘位置表，便于她找到每个拼音对应的位置。她每敲击一个字，就要查看两个表半天，还要问哪个字是正确的，学得甚是辛苦。不过，因为微信能够和老师互动，她对拼音一下子有了超乎任何学科的兴趣，学得特别起劲。甚至有一次她生病了，还非要嚷着去幼儿园，因为那一天有拼音课，生怕落下上课内容。

其实大家心知肚明，小妞学拼音这么起劲，无非是爱上了“微信聊天”而已。但能让她快速掌握拼音，这样的学习不是也很有效果吗？

在逐渐能熟练拼写汉字、使用微信以后，小妞天天和老师用微信互动，和老师的感情更深了。她每天晚上一定要跟老师发了“晚安”才睡觉，还时常会发“谢谢老师”“老师辛苦了”这样的话，或者偶尔给老师发个小笑话，小故事，天天乐此不疲。

其实很诚恳地说，在她刚开始用拼音拼字的时候，跟她微信聊天实在是太费劲了。她对照我写的韵母表，一个一个地往iPad上打字，我拿手机要等很久才能有回复。偶尔我都很不耐烦了，要不是看着她的热情与执着实在不忍心打击，我都想放弃了。不过这方法真的是动力十足，效果超好，我一点都没费心，她的拼音就掌握得非常好了。我家有个电脑是单独作为看网上视频用的，王小妞学会拼音后，动画片不用再等我们有时间，也不用求人了，靠自己搜索就行。

让孩子学到的知识很快就能在生活里用上，这是比什么都管用的学习动力。如果你每个学科都能找到让孩子实践的方法，能让他（她）感受到自己能力提升带来的成就，那孩子自然就会“乐学”。

现在，王小妞甚至学会了“有问题，上百度”。在她6岁时，当我们全家为怎么转车能更便捷地到达目的地而争论不休时，王小妞端着iPad，默不作声地用搜索结果直接让我们的争论平息；还有一次，我感冒了，抑制不住地流眼泪，痛苦地躺在床上，王小妞通过上网搜索得知淡盐水可以缓解症状，于是自己端来一碗淡盐水，并用餐巾纸沾湿，贴到哪？一下就止住了我的眼泪。

孩子们的成长真的不局限于年龄和形式，只要你去想办法引导，都会出现惊喜。现在很多学英语的软件中的“语音搜索”功能，她都掌握得极其熟练。看英文动画时听到那些不断重复、但她又没学过的词，她就拿手机用语音查，然后再翻译给我。

姥爷现在都要向王小妞讨教电子产品的用法了，她非常自信，会很认真地说：“我查出来了。我教你怎么用拼音标注吧，有个儿歌你记一下就会了。”她念完儿歌后，还会给我们解释一下。比如“i”碰到“u”就在后一个拼音上标注音调。有时候我在辅导她做功课的时候，自己都不会了，只好让王小妞自己上网查询。连姥爷也因为他们那个年代上学时学的拼音不一样，也跟风重新学起来。偶尔能听见孩子自信满满地对姥爷说：“这个你不会拼啊？我教你吧。”

## 3、开动脑筋勤搜索，资源分享有介绍

上面提到了一些好的听书软件，以及巩固拼音、识字的游戏。以前因为搜索引擎还不够给力，我还真是下了不少工夫。我每周按教育游戏、故事工厂等分类，搜出新出的游戏下载几十个，经过试玩，淘汰掉那些可能会伤眼睛和不好玩的，最终选精品。为了能让朋友们省事，我还按年龄和学科把这些游戏分类记录了下来，现在直接分享给大家吧。

iPad：各个品牌的绘本故事，例如babystar系列、antgogo系列、appletree、books、baby365、多多学英语、学英文有声书等品牌的系列故事。

每一款游戏里都会有很多故事，下载完的和没听过的有区分，不用担心重复下载。每到半月，看看它们有没有出新书就行，基本都是免费的。如果是收费的，还可以放到欲望清单里，过节的时候看，经常有优惠。

关于童话的、科学的、成语的、寓言的，每种品牌都有几十本到上百本有声绘本故事，现在还出了水浒漫画、西游记漫画以及很多诗歌国学集，还有很多科学故事，像云的形成、中水处理等都很有趣，只要用心寻找、下载并反复给孩子听和看，他们听的故事多，看的故事多，自然就思维宽广、词汇丰富了，表达能力自然也变强了。知识面变广，又能增强孩子的理解力。

我发现，幼儿5岁前的图书内容比较简单，而且很多孩子都有“一个故事听N遍还要让父母读”的嗜好，实在让人头疼。用这些电子绘本听书，配音悦耳，图文并茂，简直解决了我太多烦恼。

后来我为小妞学识字买过“悟空识字”“2Kids识字”等软件，它们大多是利用孩子们喜欢的动画人物设计出一个个游戏关卡，让孩子点击

情景阅读、背诵以达到识字的目的。但我发现，通过此类游戏学习远不如多看书从而自然地提高认字速度。而且那些程序孩子开始比较爱玩，但玩腻了之后，再加上后面生字量变大，游戏的乐趣减少了，他们就开始逃避了。所以，还是带他们听故事、看故事更有效。

找这些故事有个便捷的搜索引擎叫“宝宝童书HD”，每月会有很多免费书选择，当真是不错的引擎。

另外，姥姥带王小妞外出时会一直念叨店面名称、马路上的标志。很感谢老人的耐心，加上我们玩的新闻、地图游戏，都让孩子认识了很多字。大概在5岁多的时候，王小妞就认识上千字了，能够自己读很多简单故事了。为了让她了解她学会的字，我在读物上教她把不认识的生字画圈，她画的少之又少，看来会的特别多。

就这样，王小妞的识字课，就在这样玩、看、听中自然而然地完成了。

# 四 银行游戏练思维

王小妞3岁多的时候，从挂图开始，已经陆续可以照葫芦画瓢地读写一些文字了。但怎么教她学习比较抽象的数学呢？从教的第一天起我就发现，简单的10以内加减法，对于小孩子而言，可没我想象得容易。

第一个问题是她的年龄小，才3岁多，理解力还不够强；第二个问题是数学太抽象，除了拿些玩具进行讲解，其他似乎也没什么更好的方法。而小妞总是掰着手指一个一个算，算式一变化，她就会算半天，很长时间都没太大进展。而我又不太赞同让孩子死记硬背——当然，其实死记硬背也是一种方法，能够让孩子熟能生巧。但小妞本身也对背算毫无兴趣，所以我更不能勉强她。

后来，我看了一些书籍，得到了启发。我创造了以下两个好游戏：一是“银行挣钱游戏”，在孩子玩上瘾后的强烈要求下，我们一连玩了六个小时！这让小妞在一天之内不但掌握了12以内的加减法，还意外地让她掌握了进位知识；二是“小卖部游戏”，也可以作为数学基础的练习。

之后，为了激发孩子对数学的兴趣，我还带孩子玩了大量锻炼思维方式的游戏，比如逃生类游戏、空间布置类游戏、棋类游戏、物理反射游戏和“大富翁”模拟游戏等。通过后期观察，这些游戏对孩子的理解能力和逻辑思维能力都起到了很大的提升作用。

## 1、数学加减不容易，“小卖部”里藏玄机

第一个游戏是其他书里提到过的，我进行了改良之后，效果非常好。

首先，将孩子的玩具分成3个价格组往外卖，每个玩具贴好1元、2元、3元……到9元的价格标签。其次准备1元、2元、5元、10元、20元的纸币各几张——千万别太多，不然孩子的钱总是刚刚好就没法学减法了。妈妈可以做买家，买2样，然后算出价钱问孩了对不对，给孩了准确的钱，然后换孩子做买家。说实在的，我的很多朋友们都反映，根本想象不到孩子有多喜欢这个游戏！孩子会特别上瘾地一直要求玩这个游戏，然后不停叫嚷继续继续，但你一定要吊他（她）的胃口，不能老让孩子玩。比如说“就玩半小时”，或者“就玩一次啊”，这样孩子不会觉得太难，也不会太累，毕竟这个游戏很用脑子。

在孩子逐渐熟悉了这个游戏以后，我会提高一点难度，比如买一个9元的东西的时候，故意拿1元、5元的零钱相加，发现钱不够了，再给她10元让她找钱……你会很惊讶地发现，孩子心算的速度变得很快，甚至有时候直接就给出答案，不再掰手指了！

这个游戏对帮助孩子学会加减法有很大作用，也为孩子以后去外面买东西做了锻炼，一举两得。当然，在他（她）还没完全掌握算法的时候，你可以买个小算盘放在旁边，最好要竖着几行的，拱形的，能扒拉到背面的那种。因为我开始做了个横的算盘，每行10个珠子共3行，我

发现她扒拉完一边后，总问剩下的是怎么回事，这对于减法学习会是一种干扰。比如8减去7，剩下的两个算珠是什么？我无处藏它们!

第二个“银行游戏”是要建立在第一个游戏基础上的。

有一次王小妞问我小数点是什么。我们去超市看到很多价格标签是有小数点的，我就跟她解释道：“小数点后面的数字就像我们生日年份后的月、日，一般是不说那么细致的。”但我还是想尝试让她懂得小数点的意义，于是参考一些游戏，自己编制了一个“银行游戏”跟她试探性地玩。我找了个格子盒，分别放了10个1分、2分、5分、1角、5角、1元的硬币和5元、10元的纸币。为了让孩子更好地理解，我装钱的格子有两行，一行都放分和角，另一行都是元，这样便于我讲小数点。元从第一行里面找，而第二行分和角就是小数点后面的数字，这样对孩子来说更具象，更容易理解。然后开始玩“挣钱存到银行游戏”。盒子是“银行”，我们开始用一个骰子玩，之后玩2个骰子，作为挣钱的工具。比如卖报纸或卖牛奶，投掷骰子代表销量，然后谁先挣到1元或者5元就算赢。很辛苦哦，玩到5元要2个小时左右，所以起点最好是1元，不过学习起来可是事半功倍。

王小妞的进步是让人惊讶的。她不但按我的设计思路很快掌握了简单的加法，还认识了小数点。比如，两个骰子一停她就能算出相加之和。更意外的是，她对进位换钱无比痴迷。为了能将1分、2分换成5分，她自己就研究出2+2+1，2+1+1+1等不同方式，直接跳跃出我教她的5个1分能换1个5分的概念，进步神速，让我感到无限欣慰。原计划需要用几天的时间来学习换1角，结果第一天她自己就试探地用一个5分加前面的组合兑换成功了。

为了让她加深记忆，我告诉她银行算错钱是会罚钱的，增加了难度。很快，在她被罚了3次1分以后，她总也记不住的6+2，终于一下就得出8了。后来，不论换1角还是5分，基本的兑换公式她都能掌握熟练了。在她的钱盒子里，只要够10分，不用我说，她就马上换成1角了。5

个1角可以换1个金色的5角硬币，黄灿灿的，让王小妞乐开了花。2个5角可以换1元，每当这个时候，她简直是两眼放光。要知道孩子也是需要成就感的，她这个时候的笑容丝毫不逊于给她个巨型玩具时的笑容。而且这是她自己的“劳动”成果啊，多么开心！小妞每天都缠着我，让我跟她玩几遍这个游戏。

希望和小妞一般大的孩子在刚开始接触数学的时候，都能有这样愉快的美妙之旅，在不惧怕、不反感的情况下快乐地求知。

没几天，我们就学习投掷9分或者8分的时候兑换1角的减法，简约了银行给9分，加1分再交给银行换1角的过程，而是直接把1分、2分交还银行，拿回1角。这不就是减法吗?

其实好好想想，这个过程的理解需要好几步，但多玩几次，小妞真的能理解呢。王小妞一周内就掌握了20以内的加减法。而且，玩了一天后，我尝试用几块几的价签让她找钱，她都既快又准确地找对了。十元和百元的兑换，她也因此把游戏早早地掌握了。这个游戏直到她快6岁时还时常要求玩，可见她对这个游戏的喜爱程度之大。

这个游戏不仅提高了孩子的逻辑分析能力，而且也大大提高了孩子的运算速度。小妞在幼儿园学“20内混合加减运算”时因为有了基础，学得非常快。有时候减法她正着算、倒着推都能很快得出答案，而且特别快地掌握了应用题里算式的转换。当然，这些不光是这两个游戏的成效。

## 2、益智游戏很神奇，逻辑思维早开发

寻找和发明好游戏是我的专长，那我就继续推荐一些能够锻炼逻辑思维的好游戏吧。

iPad上的益智游戏类似“华容道的停车场”“香肠逃脱”，有练习空间方位感的，还有“绕绳子”“置物袋空间摆放”“接水管”“转星座”“猴子探星星”和“鳄鱼洗澡”等锻炼角度感的游戏。有很多数独游戏、拼图游戏，还有很多比如“青蛙跳水”“简单逃脱”等游戏或者“迷宫逃跑”，都属于闯关游戏，在玩的过程中就能锻炼孩子的逻辑能力、探索能力，养成孩子克服困难、找寻答案的习惯。这些游戏很多孩子可以单独闯几十关。小妞某一关卡过不去的时候，我和她爸都需要研究5分钟才能解开。

另外，应用商还设计了很多能让孩子练习数学运算的游戏，例如“超市购物”和“农场数学”以及一些左右脑开发等学前数学游戏。“儿童全脑训练”等综合闯关游戏可以尝试让孩子玩，能提高基础数学运算的能力。

不过要注意的是，一些找茬游戏、看图捉迷藏、对对碰、消消看、连连看一类的，我很少让王小妞玩，因为我感觉频繁闪烁的屏幕是很毁眼睛的。

王小妞是4岁多开始接触棋牌游戏的，学会“憋7”“干瞪眼”“变色龙”“军旗”“飞行棋”“五子棋”“大富翁”等棋类游戏和麻将，它们也对数学的逻辑思维有很大锻炼作用。这些棋牌游戏的教法会在下面篇幅“棋牌益智”做详细说明。而后来王小妞痴迷的各种实验游戏，也更加深了她对数理化的喜爱。

王小妞虽然没有类似“曹冲称象”的经历，也没有做过“司马光砸缸”一类的事件，但也在5岁的时候做了一件让几个大人瞠目结舌的事。当时，我们买了一个二手房，要从旧房搬过去，一个大立柜因为卧室门的角度问题死活进不去。当时我已经让搬家工人往外挪准备处理掉了，因为是旧的又太忙乱，我也实在懒得想办法了。估计小妞察觉到我眼中有很多依恋与不舍，因为那是我和她爸结婚时买的柜子，很有纪念意义。于是，躲在阳台的王小妞突然说了一句：“我知道了，从阳台能过去。”

新房的阳台是连接主卧和大厅的。当时听到她这句话后，所有人的第一反应是“孩子瞎说”，第二反应则是齐刷刷看向阳台，然后沉默。大概十秒时间后，大家相继惊讶地说：“阳台可能真的能过，赶紧腾地方。”

这件事给我的感触特别大。王小妞玩空间游戏时，对很多事情虽然说不出概念或理论，但完全理解了其实际意义和效果。我们真的离不开我们的“小能人”了。

我看过一篇关于“参与性、创造性教学PK传统教学方式”的实验报告，其结果显示，对于很多知识，即使由不熟悉的老师指导，只要是通过动手示范与学生参与等方法来进行教学的，比教学经验丰富的老师用传统课堂灌输法（直接给答案，死记硬背）进行教学，学习效率可提高一倍以上。而老师的教学水平对学生学习效率的影响，远远比不上激活孩子的兴趣和参与感产生的影响大。

让孩子从被动的“旁听者”，转化为积极的“参与者”，能最大限度地激发孩了学习的热情，也是提高孩子学习效果的最好方式之一。

我一直在想，“地图游戏”引发了孩子对世界的思考，“银行游戏”让孩子快速掌握了加减法，“空间游戏”锻炼了孩子的思维能力……我误打误撞走上的“游戏教育”之路，让小妞成为了最大的受益者。多么希望能把这样的理念传播开来，让更多孩子的学习变得轻松、快乐和高效啊。

## 五 听玩唱着学英语

王小妞到5岁多的时候，通过游戏，已经掌握了数学20以内的混合计算、识字过千，拼音也都基本掌握了，唯独在英语上的表现平平，只会几个简单的单词，基本属于“英语盲”。

王小妞从2岁开始就上双语幼儿园，可直到三年后临近毕业的时候，我才发现这个问题，并开始重视。

在小妞3岁时，开始接触学字游戏、左右脑开发、数学形状游戏和听故事的时候，我也曾经下载过一些拼图、卡片、双语故事等英文触摸游戏，但当小妞发现有“ABC”和听不懂的东西后，特别抗拒。老公也一直劝我别太早教，如果不能玩着学，孩子就会很反感，让她对英语产生了厌恶，反而得不偿失。到了学校反正孩子们水平都一样，只是谁早会谁晚会的区别，不用太着急。老公还说：“如果有了语言环境，学习语言就会事半功倍。去英语国家待个半年，自然就会了，何必较劲？反正我们经常出国旅游，学会肯定不难！”

就在这样的心态下，我本着让小妞轻松接触英文的想法，没有去硬逼她学英语。靠她在幼儿园、外教和班里外籍小伙伴的接触，我想或多或少也能学会一点，应付小学是没什么问题的。但事与愿违，小妞上幼儿园大班期间，家长会的时候老师告诉我，王小妞其他课程听讲很好，互动也很好，唯独上英语课时不听讲，走神，很是自由散漫。到家后我仔细回想，偶尔跟幼儿园请事假带王小妞出去玩时，她也总让我在有英语课的时候请假，还说反正也听不懂。孩子小的时候还不太会克服困难，喜欢逃避，我虽然不图她将来有多大成就，但也不能让她一有困难就绕道而行啊！想到小妞到一年级就要正式上英语课了，总不能等她去国外待过一段时间，学会英语再上学。而且这期间我们也出国旅游了几次，她跟和陌生人用母语交流都不敢，更别说跟外国人说英外语了。

我赶紧报名参观了一节他们的英语公开课。不听不知道，一听吓一跳。同班的小朋友欢呼雀跃地和外籍老师互动着，一句接一句，孩子们几乎都能理解新西兰籍英语老师杰克说的整句话，并整句地回答着，偶尔有些小错误，老师会及时予以纠正。而当老师说了一整句话并提问叫到王小妞的时候，她不但听不懂问话，甚至浑然不知老师在叫她。下课后我和外教沟通，想让他上课多提点一下王小妞。杰克说很困难，现在刻意地让孩子多互动，只会增加孩子的反感与负担。小妞已经几次明确地跟班主任表示英语没用，对英语很抗拒。而且5岁的小孩已经有了自尊心，如果在她完全不会的情况下点名让她回答问题，只会让她更无措，更畏惧这门学科。

当务之急肯定是先做王小妞的思想工作。我们全家首先都肯定了她的“聪明才智”，还说老师夸她的英语有很大的进步空间，以她的聪慧程度，只要再认真点听讲，进步会更大。老公也跟小妞讲了很多英语的用途，并用她喜欢的音乐、绘画做“诱饵”，说她以后如果要去国外比较著名的音乐厅表演，或者去国外参加写生活动，都需要说英文。

王小妞忽闪着似懂非懂的大眼睛，开始慢慢接受了必须学英语的现

实，改变了“英语没用”的观点。

## 1、双语旅游不管用，看见英文就扭头

在重视英语学习后，我想起了我家楼下的一家外国邻居。他们是来自菲律宾的家庭，妈妈慈眉善目，有三个4~9岁的小孩，一家人非常友好。听说他们家在隔壁小区教英语，每天各国的小朋友都会去找他们家的小孩玩，家门总是敞开的。她家一楼的花园里种了各种好看的花，铺着鹅卵石，还养了小兔子。王小妞有时候也会去喂兔子，或者捡好看的鹅卵石玩，菲律宾小孩总是很友好地接纳她。不过王小妞从来不会和他们交流，我只好用简单的英语问候和感谢他们。

有一次，另外4个小孩又来菲律宾家庭楼下的花园玩，王小妞无声地走近他们，悄悄地看着。我知道她喜欢他们，但害羞又不会说英语，所以无法交流。于是我就问这几个孩子来自哪里，他们4个小孩分别来自日本、韩国和英国，我当时还笑着说这是个“国际大聚会”。这个菲律宾家庭在小区租住了两年就搬走了，当时我什么也没想过，现在想想很是遗憾。那位妈妈特别友善，如果我早点带王小妞经常和他们接触，多锻炼锻炼她的英语会话，说不准她早就会说英文了。那会儿外国小朋友们经常开派对，一周两三次，这是多么好的学习交流平台，可是我却把这个机会和圈子硬生生地丢掉了。

其实如果我们教会孩子基础的本领，孩子就会拥有更多学习的机会，更多的自学途径，也可以适当缓解社会大环境中千篇一律的教学方法和不断量化学习的痛苦。

我觉得我们之所以会在孩子的求学路上，不得已地选择很多辅导班，也是为了差异化学校这种千篇一律的学习方法，弥补有些孩子听不懂老师讲课的缺憾。课外班之所以如此火爆，说明教育体制内的教育方

式有不足，暴露了义务教育里有薄弱环节。你也许会发现，真正好的教育场所、学习机构以及好老师的学习理念和教学方式，可以让孩子轻松愉快地学到东西。所以，当我们实在不能自己创造更多好的学习方式时，起码要多方寻找，多想办法，让孩子有机会接触到更好的学习资源，更好地融入社会。

## 2、专家献策补英语，归根结底靠家长

小妞的英语没跟上，这个问题是突然发现的，而英语课程又没在我的开发计划内，加上压力让我来不及试玩、寻找游戏，所以我干脆给王小妞报了一个幼儿英语辅导班。我想，她虽然学得差，但在上学前先上一段时间的补习班，或多或少地可以弥补一点。

我了解到一些初级英语班的费用一年大概在1.3万~1.8万元左右，而适于以后留学的学科英语会更贵些。而第二阶段的家教“一对一”或“一对二”等课程，平均每人一课时150元左右。家长要注意的是，有的学校是纯外教，有的则是一个中国英语老师和一个外教同时授课。我参考新西兰幼儿园外教的意见，如果在不需要去提高班、家长能够教孩子的时间和内容比较少，而且孩子接触英语环境比较少的情况下，选择外籍老师和中国老师联合授课的英语班比较好。

后来王小妞也说，外教老师整句整句的话她实在是听不懂，问也问不出，听课太吃力。现在幼儿英语的授课方式也不同于以前了，是把词汇结合在句型中教，像中文和其他语言一样，用一种自然的听说方式让小孩理解。这种教学方式经多方认证，效果很好，我个人也认可，绝对比我们初中那会儿先背上几百个单词再学语法，然后拼句型更容易上口。但对于接触外语少的小孩，尤其是一点词汇量都没有的孩子，上来就用纯外教的方式还是很吃力的。这个也是杰克千叮咛、万嘱咐，要我

带孩子先补上300个词汇、掌握九大类型的常用词语，然后再去上外教课的原因。

还有个秘籍就是，在孩子掌握了一定的词汇量后，反复给她听英语句子，这个实在太重要了！学习语言学科，首先要连蒙带猜地混个耳熟，然后再对应场景，那就会做到事半功倍。

这些都是我尝试后总结出来的秘诀。几个3岁左右小朋友的家长用我的方法教孩子，没上补习班就达到了小妞3个月后的学习效果。

另外，在了解了小妞的幼儿英语班的情况后，我和班上的老师建立了深厚的友谊。她告诉我，不同英语班所针对的孩子基础不一样，请家长一定要按孩子的基础来选择英语班，不要一味地追求高速度，把孩子送到基础高一级的英语班。那对于刚接触英语的孩子来说，消化起来很困难；而学习效果不好，跟不上老师讲课，也会给孩子带来挫败感，老师教起来也吃力。越小的孩子学东西，越要让他（她）觉得容易掌握，让他（她）有充分自信，循序渐进地学习。这样孩子会积攒更多的自信，不会轻易被困难消磨掉对这门学科的学习欲望。

小妞报的这个幼儿英语班来自朋友的推荐，她说她的小孩从3岁开始上了半年，效果特别好，孩子去上英语班比去幼儿园还高兴。最主要的是，这位妈妈去听了英语班的体验课，感觉这个班的教育理念很不错。这个班的老师注重应试与素质教学相结合，除了教英语单词、会话，也比较注重孩子们勇敢地上台展示。他们为孩子提供了实用且简单的学习方法，注重培养孩子用英文思考、解决问题的能力。他们在第一年的授课内容主要是掌握音标、音准和一些简单的句型，词汇量很小。孩子掌握了音标之后，对背诵单词很有帮助。音标掌握好，很多词看到就会读，会读就能拼写，减轻了上学会背诵单词的压力。简单的句型让孩子们学习之后能很快地练习应用。

语言最好的学习顺序是听、说、读、写——应该从听、说练起，而不是从读、写开始。

另外，选择这个英语班，还有一个主要原因是接待的老师很中肯，很严肃地对我说：“语言这门学科，无论老师在课堂上教得多么成功，如果家长不在家里配合孩子练习、复习，仅靠一周两个多小时的课程，是不能保证教学效果的。”这一点让我觉得很实在。如果英语辅导班的老师给家长们承诺得天花乱坠，反而会让我有很深的被欺骗的感觉。

在小妞上英语班的那段时间，我恶补了很多关于英语教育的书，想提醒各位家长，现在的英文教育体系已经做了很多更改，孩子们开始学英语的年龄越来越小，但实际上，语言类学科在0~12岁期间学习效果最好。因为孩子在那一时期记忆力好，容易记住；而“好中之好”的学习期，则是在4岁以前。如果在此期间让孩子反复听两种语言的儿歌、故事、动画，会让孩子大脑中掌管语感的部分自然“分区”，对两种语言都有条件反射。而过了4岁，尤其是认识文字以后，王小妞已经和成人一样，听到话语就想到哪个英语词对应哪个中文词，老让我翻译，而不是结合场景，不去揪其意思、直接上口了。这个过程增加了难度，无法让她听懂马上说出来。她经常问某个英语词汇是“什么意思”，说英语的时候也会下意识地去考虑词汇顺序。而他们班其他有过语感培养的小孩，就照动画片和老师的话复述，英语和中文的词语根本不一样，但意思表达出来是一致的就可以了！

很遗憾我在前面四年没有给孩子做好语感培训和大脑分区，不过现在很多事情还是来得及的。英语辅导班的课程上完了，但显而易见的是，即使是扎实、系统的课程，也不能让孩子的英语水平突飞猛进，补上亏空，缩小和班里小朋友的差距。怎样巩固学到的知识，扭转孩子的恐惧和不自信，接下来又该轮到我上任了。

## 3、语言学科需耐心，打牢基础很重要

### A 解析原因

英语辅导班的课程进度比较慢，而且我报的班是基础的音标学起，附带一点句型而已。若想追上班里同学的进度，肯定需要更多时间。

为了找到更多途径，我诚恳地期望小妞幼儿园的外教能亲自跟我沟通一次。之前的交流都是通过班主任转达的，并没有直接沟通过。

杰克是特别有爱心的一位男老师，为了解他，我跟很多毕业班的孩子打听过，他们都非常喜爱这个外籍老师。

杰克是那种用心教孩子、爱孩子的老师，王小妞也跟我明确表示过，喜欢这个老师，但就是听不懂他的话。怎么利用好最后的半个学期，能更好地得到这位好老师的帮助，拉近小妞和班里其他外籍小朋友的距离呢？这成了我第一个想实现的目标。

英语不好的我靠着“百度翻译”写了两封信，马上就见到了带着中文翻译的杰克。杰克告诉我，小妞的英语词汇量是比较缺乏，也没有英语听力基础，让她理解日常用语就很困难，班里还有其他3个完全听不懂的孩子都是这样。他还告诉我，幼儿园和学校一二年级的英语主要涉及的生活用语有九大类——动物、人体、自然、职位、人称、食品、颜色、物品、服饰，学会这几百个词语后，结合初学的简单句型，意思猜都能猜懂，就很容易跟上了。然后他建议我让王小妞天天听英语儿歌，练习语感，这个很重要。

回来后我继续跟各位妈妈取经，问问她们小孩的英语基础是怎样打下的。总结了一下，大概有这样几个途径：第一大类是有外语环境，包括小时候在国外待了半年以上，或者在家里直接是双语环境，这个类别

的我就不多做陈述了。第二大类是家里没有双语环境，但家长在孩子2~4岁期间做了很多早期外语开发的，包括听双语CD、看双语碟片、每日给孩子读简单的外文故事等。这样的孩子已经掌握了一部分词汇，并且语感比较好，因此当老师说简单句型的时候，他们把已有的词汇延展，再加上情景对应，也能猜到大概。第三大类是家里既没有双语环境，父母又没有在早期对孩子进行进行任何的外语开发。有一些性格外向、不太怕挫败的孩子，在双语幼儿园能主动和老师互动，经常被老师纠错，在不断练习中也会有进步。而王小妞既属于第三类情况，又性格内向，比较敏感，害怕出错，不敢练习，因此学习外语就更加吃力。孩子就像没上过双语幼儿园一样，英语学习被耽误了。

在这里，我带着懊悔之心提醒一下孩子属于第三类情况的家长，如果孩子上的是双语幼儿园，又有条件，一定提前教孩子掌握那九大类词语，让孩子有简单的基础，这样就不会让几年的双语学校资源白白浪费。金钱浪费也就罢了，孩子的时间和那么好的练习环境也被浪费掉，实在让我后悔不已。我觉得我的忽视让孩子少了两年本能和外籍小朋友多接触学习的机会，少了两年最佳练习阶段。我为此非常懊恼和自责！

### B　整理教材

我下定决心要亲自出马，帮小妞赶上进度。

我一直本着“任何学习都要以孩子的兴趣为基础”这样的原则来教育孩子，其他的学科我都找到了“游戏教学法”，而对于英语，我迟迟找不到寓教于乐的方法。

怎么办？

我思索了几个夜晚之后，决定先从“教材”下手。

我用iPad搜索了几乎所有的英语学习类应用程序，删除了王小妞以前厌烦的点卡和拼图，还有一些过于幼稚的儿歌，筛选出一些系统的儿歌学习程序，比如“宝宝学英语（上下）”“多多童谣学英语（一二）”这些简单上口的英语儿歌作为授课教材。又找到了“Donut’s水果、交通、我的家系列”“儿童启蒙英语”“Seasons游戏”“迪尔单词卡”等游戏，这些是可以通过手指点击来学习单词的游戏。还找到了“小宝宝学英文”“learn ABC”“国际幼儿英语”“洪恩英语”“幼儿园英语”等应用程序，作为用来检测英语水平的工具。

这里说明一下，因为程序太多，我一共做了三个文件包。第一个文件包里面都是类似教材的程序，涵盖新西兰外教指导的九类单词，包括称谓、人体、动物、食品、家具、职业、自然、服饰等几大方面。其实看多了就知道，大部分幼儿英语教学都会教这几类单词，共计250多个。这个词汇量基本覆盖了国内幼儿园和小学一年级的所有单词，我想这些程序应该也是针对幼儿入门英语编辑的，所以内容上有些近似。第二个文件包都是触摸式游戏，便于边玩边学的。第三个文件包里则是用于小测验或阅读的，是很简单的重复的句型，容易读也容易看懂，主要是为了给小妞的阅读打好基础。其实刚开始的时候我下载了几十本双语故事，直接用英语朗读给她听，但她根本听不懂，完全没有兴趣听完。所以我才又用了几天时间一个个了解、试用这些程序，并做了分类和编辑。比如，教水果单词先让她听“多多童瑶”三天；听会了以后，每天听完5分钟，再用“Donut’s水果”程序和“迪尔单词卡”玩着练习；一周后用“洪恩的水果”读一段小故事来检验学习成果。

我的“教材”足够小妞学习两个月。开始是一周一个类型，最后发现儿歌学习真的很快，好的话只用三天孩子就能掌握一个类型里大概10~20个单词。

### C　儿歌学词

开始付诸行动了。

每天晚上是“学英语时间”，总共20分钟。先用10分钟播放英语儿歌，让她跟着儿歌读单词，大声读三遍。

我找的“多多学英语”最适合学单词，一个免费程序内包含10个单元的单词，连续三天听一个单元，跟读三遍大概10分钟时间。这是带着音乐的儿歌，食品篇是一个小孩反复念：“苹果苹果是apple，apple，apple！香蕉香蕉是banana，banana，banana。”读三遍大概10个词，3天绝对会了。

之后的10分钟玩游戏，便于识词。

本来预计学完九大类词语要4个月左右，结果不到两个月，小妞就基本掌握了。其间我还让她在生活中多加练习，比如学称谓的时候，学了两天我就让她用英语来称呼大家。于是她三天就知道英语的“爷爷”“奶奶”“爸爸”“妈妈”“阿姨”怎么说了，到现在还时不时用英文称呼，我想她这辈子是不会忘记了。

大概用了55天的时间，小妞就学会了140多个词并在游戏后熟练地掌握了。她还学会了10多种句型，并且在我要求下，和班上的美国小女孩说了几天简单的对话后，从开始人家不回答（估计听不懂）到简单应答，最后她做小卡片问询“Can I make friends with you?”（我能和你交朋友吗?）和对方成为了好友，天天做着简单的交流。这样我等于给她请了个一对一的“小外教”，还让小妞多了个外国友人。

不到两个月，小妞的班主任用微信给我传来一个特别令我欣慰的消息。她说下班后，他们几个同事一起吃饭聊天，班上的外教杰克特别聊了王小妞英文进步的事情。说王小妞现在不但在课堂上能积极地与老师互动，还成了美国小朋友最好的朋友，这是多么大的改变啊。外教对我评价也很高，很惊讶在不到两个月的时间里我能让孩子进步这么多。因为在我和杰克之前的沟通中，他特别提醒我，王小妞基础很差，半个月能教熟10多个单词的量是比较合适的，教多了孩子也记不住。还提醒我每天教女儿不要超过10分钟，因为女儿在他课上已经表现出很反感这门课的学习了，千万不要逼迫孩子学习以免适得其反。怎么会呢！我虽然懒，但这么聪明，一定会想办法随时调整策略，让孩子乐学的呀！外教还说，觉得小妞的妈妈一定在家做了大量工作。而其他老师说，他们都对我用心培养女儿很欣赏，我听后很感动。

只要足够用心地想办法尊重孩子的意愿，耐心地疏导，孩子学习上的问题无非是改变多少和改变快慢而已。让她能和她喜欢的外教老师更亲密，其实也是她原有的愿望，只是她自己跨越不了障碍，需要得到家长的帮助。现在她毕业已经一年多了，还经常回幼儿园看老师，每次也都会和杰克交谈两句，再也不是当年那个老师提问都听不懂的懵懂小丫头了。

## 4、学以致用勤联系，情景游戏深记忆

英语和中文以及其他学科一样，能让孩子学了之后在实际生活中用上，这样才会让孩子保持兴趣。

小妞学完交通类的英文单词后，我们在课后玩地图游戏，就拿着小飞机、不同颜色的小汽车和小火车一边用英文说一边玩；学器官类单词，我每次挠她痒痒都用英语提示她我要挠你哪儿了，做好准备保护；学食品类单词后，家里所有饭菜和水果我也都用英语问她吃不吃；学了衣服类单词，穿和脱我都会用英文指示；学家具单词后，我们玩芭比娃娃和过家家也都用英文玩……

我还效仿幼儿园，在家做了个天气挂图。只不过幼儿园的图是中文的，小朋友们早上要去换卡片，内容包括天气、日期；我的图是英文的，还加上了“星期几”和服饰，需要每天换英文卡片。

在两个多月的学习中，我和小妞一起不断地探索，找了若干个手机用的翻译软件，以便随时查单词。这种手机软件不仅能给出中文的意

思，还配有标准的朗读。利用工具来学习，是一个好习惯，应该鼓励孩子学会。我把小妞要学的英语词汇做了个表，贴到我家墙上，学之前用黄色，学会后用绿色。每天看到教过但是小妞不会的词，就尽可能找机会和她玩游戏来练习。

不过孩子们也有学英语的死角，就是偶尔有些词真是说几十遍还记不住，那就顺其自然吧。也许是因为单词不好发音，也许因为练习还不够多，别太纠结于此，只要多说，早晚有一天孩子会记住的。

王小妞也会用自己的方式记单词，有时候我自己还不上口的词，她几次就记住了。

就这样循序渐进地学了两个多月后，我又开始教她更多的句型。而且为了让日常用语更丰富，更能融入生活的方方面面，我还到网上查询了常用英文动词表、反义词表和近义词表、“日常用语800句”等都打印出来，贴在墙上。每天教小妞的句型与词汇和前面一样，掌握了的就画绿，没掌握的标黄，并且尽可能地设计环境和场景带她练习。

我还购买了一些纯英文的动画给小妞看。刚开始时，因为英文动画没翻译，她看不懂，所以有点抗拒。但孩子毕竟是孩子，适应能力是很强的。小妞很快适应了英文动画，现在她已经认识很多英语单词了。吸取了我看了6年HBO，就因为有中文字幕，所以我的英语一点都没长进的教训，我直接跳过了带中文字幕的英文碟片，就算小妞听不懂，也要让她混个耳熟和语感。

这一点我和几个英语老师沟通过，他们也都没有异议。老师说孩子不会说英语就是因为听得少，所以让她多听，肯定没坏处。

比较欣慰的是，当王小妞把同一个动画片看了两个月以后，加上每天不断学习新词句，她开始能看懂不少了。不过还是要买相对简单一些的，在很多育儿书里推荐的“芝麻街”“洪恩家庭英语”“朵拉”还有“迪斯尼”都是系统的英文句型故事，而且从简单句型入手，组合成简单故事，每课一小篇，非常适合初学儿童。

买碟片的时候，本来想在淘宝搜DVD，无意中发现很多商家出售种子，即直接给你下载后的压缩文件。这种压缩文件不但便宜，而且方便，可以用U盘读取观看。不喜欢的动画片删除或只留压缩文件即可，非常节约空间。几十集的种子才卖3元到5元，比几十元的碟片便宜多了。这样买来之后孩子如果不喜欢看，也不会太浪费，分享给其他妈妈也很方便快捷。不过话说回来，买种子这种方法就当作“试听”吧，如果遇见特别好、孩子很喜欢的动画片，还是请大家尽量购买正版。每次户外运动的时候，我也会用手机反复播放英语童谣，把幼儿园或学校教育配套有声读物也拷贝到手机上，反复给孩子播放。现在一年级的课程就这样放给小妞听，所以她从来不用特意去背诵，也能全部掌握！

我们这样的学习又坚持了两个月，王小妞已经掌握了400多个词汇和20多个简单句型，并且从刚开始的“yes”“no”这样的简单回答，成长到可以进行整句话的对答了。

有一天，王小妞回家跟我说：“妈妈，我已经开始和杰克老师聊天了，上课也能回答问题了。”我继续鼓励她，说只要一认真，马上就能追上班里同学了。她很开心，我们都在等着这天的到来。

不久后，王小妞又跟我说：“妈妈，我想报幼儿园的英语课后班，不然小朋友们都报，我到时候又追不上了。”

以前不是我不想给她报幼儿园的英语班，而是觉得她完全听不懂，报了也白报。现在她已经有了基础，对学英语也不那么排斥了，所以我赶紧找老师补报了幼儿园的英语课后班。这一次，她对我说了一句我最想听到的话：“妈妈，英语也不像想象得那么难学！”

其实教了这么多，这么小心地带她入门，真的不是为了让她掌握多少词汇，追上同学或超越同学，最想达到的效果是让她不要害怕这门学科，让她对自己有信心。我当然知道我不能作为拐棍，帮孩子一辈子，但是，在我有能力、有条件的时候，帮她克服畏惧，让她充满信心后轻装上阵，有勇气挑战未来，这才是我最想做的事情。

临近小妞培训班毕业的日子，我结合培训班的“自然拼音”，挑灯夜战，每天花几个小时研究教案，下载新游戏。为了更好地掌握自然拼音，我把挂图从新编排，因为它是按声母、韵母设计的，很难找到词根，而英语拼音词根比咱们韵母多几十个，因此黑压压一片不便查询。我用了几个夜晚，设计了一个按26个字母排序的简单查询字根表，表上注明了我听了几十遍才改好的中文注解。排好后我去找英语培训班的老师给我纠正，老师很谦虚，怕出错，又给我找了培训班的总监。那位总监接待我时说，她是因为从来没见过这么认真的家长才想见我的。她当时正忙于结婚，事情很多，但还是抽空给我讲解了半天，还说因为她要去度蜜月了，怕我再有问题时找不到她，于是一个词一个词地纠正我。在此很感谢她百忙中的接待。

现在孩子上学后，每学一个英语新词就是一次对自然拼音的巩固，目的是让孩子在小学时期养成拼读意识。听说北京的小学是直接听写英语单词，这一点让我很是困扰。外国小学英文教育与我们最大的区别就是，孩子们上学的前两年不背单词，老师会教他们单词的读法，而不是教字母拼写。而且，即便在刚上学的两年里，如果用英语的拼读法，碰到了特殊的不遵循拼读法规律的单词，孩子们按拼读法说错了，老师也不会算孩子错。这是因为学校教育重视培养孩子对拼读法的掌握，他们认为，孩子在以后的大量阅读中，能够自然地熟悉那些个别的不遵循拼读法的单词。但是掌握拼读法，对大部分英文单词的学习是有很大好处的，所以即使读错少量词语，但能掌握这一方法，依然值得鼓励。这样的教学理念，大大提高了孩子们学习新词的数量和速度，有助于阅读能力的提高，能达到事半功倍的良性循环。

关于自然拼音助学的作用，iPad上有一个叫“英语启蒙宝典”的APP中说，只学二十分钟，就能体会到这种学习方法的诸多好处。我也采访了几个在新东方听了几年课的三年级小孩，他们说小时候学到的自然拼音，真的对他们学英语起到了很大作用。

经过一年在家每天看半小时以上动画片、听儿歌的训练，每天时不时用英语进行常用短句的情景演练，包括一周两小时的英语班，到后期王小妞的英语能力有了显著的提高。在她上一年级以后，语感很不错，跟读、理解、背诵都不费劲，唯一尚有差距的，是说得还不够流畅，但也已经突破了羞于开口、惧怕英语的最初阶段。

因为王小妞取得的成绩，还有很多朋友向我咨询提升孩子英语水平的方法。有的家长孩子还不到3岁，就准备报连续3年的阶段性英语班。就像那位新西兰外教给我的建议一样，让孩子先打好基础吧！让他们多看英语动画片，多听英语儿歌，先培养对英语的熟悉感，然后再帮他们掌握九大类基础词汇。在有了这样的基础之后，再让孩子上英语班，会取得事半功倍的效果。按照这种顺序来学习，孩子们对英语知识的接受速度也会很大提高。不然一节课连续两小时，大量内容的灌输，对孩子来说非常困难。如果学不会，掌握不了，浪费钱不说，可怜孩子风里来雨里去地上课，白费功夫还有可能对英语丧失兴趣。

王小妞后来就总说，英语课外班时间最长，两个多小时，加上来回路程，耽误了太多时间。要是这些时间都用来玩，那该多好啊！听说到二年级后，很多英语课外班一上就是半天，我和王小妞都很“害怕”，一定要争取在家多学点，不能把大好时间全部留给外国语言。

我小时候觉得英语难，是因为那时候没什么练习英语的机会。和其他任何一门学科一样，在我们有能力的条件下，应该尽可能地为孩子创造条件，让他们在实践中深化学到的知识。接触、感受、了解、运用，这才是最好的学习方法。

王小妞现在跟我一起看动画片时，有不懂的词，自然地就拿起手机寻求翻译；在开玩笑的时候，自己就会学一些新词。她在学校会主动找美籍小孩交朋友，也能认真听她最爱的外教的课了。这些其实都是机会，只有孩子学到的知识能直接作用于他（她）的生活时，他（她）才有兴趣不断地去寻找、了解更多知识。相比于那种死记硬背、纯粹为了考试而学习的方法，这种积极探索的学习态度，对于孩子的未来帮助会更大。让孩子轻松地打开学习的大门是一门学问，这和让他们被迫学习完全是两种效果。一种是发自内心的渴求，另一种是被迫地接受，哪种方法更好一目了然。我想，这也是我们崇尚“游戏教育”“快乐学习”的重要原因吧。

## 六 实用艺术齐欢乐

我想很多家长像我一样，希望孩子能全面发展，不仅能在知识的海洋里畅游，还能感受到艺术为生活带来的美感。很多艺术班之所以受到家长的热捧，也是因为这个原因吧。

在王小妞3岁半的时候，幼儿园的课外班提供了很多机会，能让孩子多接触艺术，从而逐渐明确孩子的兴趣，便于家长着重培养。

那两年的课外班选择着实让我思考了很久。因为不知道孩子到底喜欢什么，所以我们第一学年报了一个古筝、一个芭蕾、一个科学、一个武术班；后来又报过钢琴、绘画和民族舞班，还上了两次街舞课。现在就从这些经验开始，讲述一下王小妞艺术之路上的“艰辛之旅”吧。其实孩子学这些也就是让她开阔视野，多接触、多感受，现在他们还小，家长也不必过于追求孩子的学习成果和进展。我们要做的是尽量鼓励孩子，让他们多感受，多坚持。而我想跟大家分享的是，我是如何激发她学习艺术的兴趣，以及如何让她坚持学习的经验。

先说很多幼儿园和小学都有的“科学课外班”。在这类班上，老师会教孩子做望远镜、日冕等小实验，孩子确实很喜欢。但一节课90元，加上材料费，一个学期做15个物品花了1500元。在网上搜“少年宫科普培训器材科学套装74种”，一套用具才几百元。自己带孩子全都玩完了能省好多钱，还能省出接送孩子上学的时间。在网上还能找到更个性化的讲解，不错吧？要注意的是，光学等物理知识相比之下较难理解，可以留到孩子长大一点再玩，或者晚一点再买。

最重要的是，我发现在科学课上，5岁的孩子都是由老师协助做，而一个老师带15个孩子，只能达到把东西做出来的目的，根本没时间教学。而且这些实验都是最简单、最好做的，就效果而言，这个价钱不太值。这一节近百元的课，如果家长自己买材料，只需4.5元。因为孩子很喜欢做这些玩意儿，于是我去淘宝买了72种全套的实验教学道具，和这个课程的道具完全一样，回家自己带孩子做。除了电学稍有难度，其他的家长自己授课毫无压力。我和小妞一年已经做了几十个手工了。自己做的好处是，还可以配合孩子找视频等更具象的教学详细讲解，省钱省

时还比报班效果强百倍。王小妞特别喜欢实验书，在图书馆借了好几本，关于“柠檬发电”“豆子工厂”“鸡尾酒”等小实验我们也做了无数。现在小妞对摩擦力、汽车的惯性作用、空间、空气密度、化学成分等基础知识有了很多了解。

再说画画。应该说小孩子都喜欢画画吧？我小时候也喜欢，国画还获过奖。有时候我也觉得奇怪，为什么每个小孩都喜欢画画，但长大之后就很少动笔了？难道真的是长大之后不再需要画画来表达感情了吗？现在我有时候和王小妞一起画画，回忆一下自己小时候画画的情景，也是挺美好的。也许人们在小时候都喜欢画画，是因为不会写字，所以用这种方式来表达感情吧。看过一篇名为《从绘画中读懂孩子》的文章，说绘画表现形式不同，例如，色彩的运用、图形的设计、人物的布局，而这些细节可以显示出孩子的性格、气质、兴趣和心理情绪，家长们可以学着去解读孩子的“画笔语言”。比如，线条清晰的孩子情绪比较稳定，模糊的缺乏安全感，强劲的可能比较有攻击性，而总是改变线条方向的孩子则比较犹豫；爱画大圆圈或者爱重复画面的孩子偏自闭；偏爱暖色的孩子活泼热情，爱冷色的孩子安静爱思考；画出强烈色彩的孩子有激情，适合当领导，而喜欢阴郁颜色的孩子多愁善感……

这些解读是一家之言，具体是不是这样，还有待考证。不过那些想更进一步了解孩子的家长可以参考一下，仔细地观察一下孩子的画作，看看是否能有更多发现。

报绘画班是王小妞强烈要求的，这个兴趣不用任何引导，完全发自肺腑，所以我也没有做什么工作。其实我自己的艺术修养很一般，所以特地找专家问了问学画画的好处。专家告诉我，艺术都是聪明人的游戏，很多科学家在绘画和音乐方面也一样有天赋。专家举的两个例子我记不住了，意思是说不管孩子们的水平如何，画画是不善言辞的孩子们的一种表达方式，能抒发出感情，就能让他们心情舒畅。

因为王小妞一直喜欢画画，即使不报班也会在家不停地画，加上专家说孩子到9岁后才适合系统地学习绘画方法，小时候就这样天马行空地乱画最好。所以我考虑再三，暂停了小妞的绘画课，好节省出更多的时间让她在家玩。后来小妞要求报国画班，但因为离家比较远，我暂时没答应。不过，只要孩子喜欢，我会帮她安排系统学习的机会的。

跳舞因为稍微累一点，王小妞又不爱运动，所以我用了无数手段，还是不能充分地调动她的积极性。听说跳舞可以延长骨龄，对气质也有好处，还能促进长高，我是真想让她坚持。不过，后来一个学了十多年舞蹈的家长对我说不是这样的。她说提早让孩子拉韧带会影响长个儿，不信就去看那些体操运动员，长得都不高。她还说像芭蕾舞这种舞蹈，对人的身体比例要求特别严格，她就是因为先天条件不足，学了快十年又被淘汰了。所以想让孩子学跳舞的家长，一定要根据孩子的情况多做些调研，别学了那么久，没达到理想的效果，让孩子有上当的感觉，就不好了。

在孩子小的时候，我们对他们的引导要负责，说出来的话要真实可信，这就需要我们自己也要不断地去学更多的知识。可是，当时我并不

知道这些，还特地嘱咐老师多让孩子练练基本功，别以后骨骼硬了拉不开，这彻底把王小妞吓住了。到现在她一直对跳舞打退堂鼓，我试了很多方法，从芭蕾换到民族舞，后来换到街舞。到街舞的时候，她确实表明过挺喜欢的，但还是因为怕累不想坚持。也许真有无论家长怎样引导，孩子也不会感兴趣的学科吧。我是这样想的，毕竟这是小妞的人生，能不能翩翩起舞最终还是要看她自己，而不是看我的想法。

不过为了鼓励小妞学跳舞我也做了不少工作，当时成效甚佳，她差点让我给她报了两个舞蹈班。我用的方法是带她看《魔法森林》和《精卫传奇》舞台剧，当时她就被唯美的精灵皇后征服了。舞台上绚丽的光彩和气氛现在还经常被她提起，那会儿我一边看一边引导她，鼓励她学好舞蹈，成为舞台上美丽的精灵，她满眼都是憧憬。经过后来的舞蹈练习，小妞可能自己觉得跳舞不是她的兴趣所在，所以我也就没再坚持让她跳。现在我们偶尔也会随着音乐扭扭跳跳，但纯粹是为了自己开心。也许有一天小妞愿意系统地、认真地去学跳舞，也许她永远都满足于只是自己跳着玩就好，这些我都尊重她的意愿。

对古筝的学习后来觉得是个败笔。首先，3岁的孩子手小，而且还没发育好。其次，经过查资料才知道3岁学古筝实在是太早了，搞不好还会影响骨骼发育。

好在当时碰见的老师有点不以教学为主，第一节课让我从她那儿买了十卷胶带和一副指甲，花了200多元，比网上贵好几倍。后来又向我们推销琴，价格2000多元。第二节课之前，那位老师又说要练不如练好琴，声色好对孩子的听力也有好处，杂琴会影响孩子。在她的引导下，我又订了一张4000多元的琴，她说第二节课送来。结果上完第二节课她也没拿出来，反而告诉我说，觉得王小妞很有天赋，让我直接买他们那儿最好的琴，9600元一张，下节课送到我家。我当时很反感，上了三次课，孩子在她那儿才摸过两次琴，还不算特别喜欢，哪来的天赋？回家和老公沟通后，我找幼儿园的教务主任投诉了这件事，很快这个古筝班就被取消了。若不是这位老师这么急于推销琴，我还真不知道会不会让小妞学下去。

这件事之后，不管我们想上什么兴趣班，我都会先问问朋友，或者在网上进行大概的了解。选兴趣班的时候，老师的口碑很重要，千万不能随便找个老师，万一不负责任，让孩子学不到东西不说，还耽误时间精力，搞不好还被坑蒙拐骗。另外，也真的要考察一下，孩子在这个年龄适合学什么，不适合学什么。就像古筝这样的乐器，3岁的孩子去学，万一对骨骼发育造成不良影响的话，家长不知道该多懊悔。

武术我们只学了半年。学武术的时候是听说能锻炼肺活量，而且练武过程中大声的叫嚷有宣泄情绪的作用，对孩子有好处。那时候王小妞还很少参加户外集体活动，活动量很小，就报名了。后来我天天带她到楼下和小朋友玩，她的活动量大大增加。我觉得自己带孩子玩着就能达到上课外班的目的，孩子更喜欢在家，可以自由地安排时间，所以第二学期就没有再报武术班。

关于我们经历过的艺术类学科，除了钢琴，能想到的都分享给大家了，希望能给大家一个参考和提示，在给孩子选择艺术班、兴趣班的时候，能多做考虑。我曾经为此而迷茫，也走了一些弯路，希望我的经历能对其他家长培养孩子的艺术感起到一点作用。

下面着重介绍一下小妞的钢琴教育。

## 1、迷茫选择多困扰，想方设法学音乐

### A 钢琴入门

有上面那些经历后，再让小妞学乐器，我就下了很大工夫，做了很多了解。

古筝至少让孩子5岁再学，钢琴则可以4岁开始学。另外在乐器里，弦乐类的乐器比较难，如小提琴等，因为弦不像钢琴的按键，要自己掌握力度和位置才能发音准确，所以不适合特别小的孩子学。当然对于这些观点现在专家们也没有一个统一的定论，只给家长做个参考。

我看过一篇专家的文章，其中这样说道："小孩子学东西，最容易3分钟热度。要让孩子有信心学下去，选择乐器就很关键。在选择乐器时，儿童音乐教育专家给出了以下几点建议：第一，3岁以下的孩子，肺活量小，学习吹奏乐有困难，最好不要选择这类乐器；第二，4到5岁的孩子可以开始学钢琴、电子琴、手风琴等键盘乐器；而学习弦乐器，如小提琴、古筝等，应该等到5岁半之后。一般来说，学习键盘乐器一年，基本掌握了音准和节奏感后，再转学弦乐器效果会更好。"

我们后来选择学习钢琴。

王小妞4岁10个月时开始学钢琴，到现在学了两年半了，一直在坚持。在这里把我和小妞的钢琴老师们总结出的经验分享给大家。

第一，在家里没人能辅导孩子学琴的情况下，一周一堂课等于白上，最好安排2节以上的钢琴课，便于老师纠错，有利于孩子的练习。

第二，最好让孩子每天都坚持练一会儿琴。当然这个其实挺难做到的，如果像有些妈妈那样，完全用规矩把孩子按在那里练习，我也不想为之。我怕那样孩子练是练了，兴趣全无，反而不好。到目前为止，很多个和我们一起学习钢琴的孩子，因为家长要求严格，已经让孩子产生了对钢琴的抵触心理。这非常不利于孩子学琴。

第三，通过阅读大量的文章，我购买了很多别人推荐的钢琴辅助教学工具，但每个钢琴老师的教学方法有所不同，所以建议家长一定要先问清老师的意见再购买。

比如，有篇文章介绍，练习手型时，可以用丝袜在孩子的手心绑个比乒乓球略小的球。我给王小妞用了一周，开始的时候她觉得好玩，后来就不戴了，因为老师说没用。另外，学了半年之后，老师推荐买一个节拍器，后来我去钢琴论坛看专家的意见，一部分专家说太早用不好，因为孩子会因此产生依赖；另一部分则说跟着节拍器练琴有助于稳定节奏。连王小妞的那几个钢琴老师意见也各不相同。反正迄今为止王小妞基本跟不上节拍器，也不习惯，那就先放一边吧。

还有，练手型的时候我还花80多元给小妞买了个不锈钢的架子，可以架在钢琴上保持胳膊的姿势。但王小妞的老师也说没用，也搁在一边了。这些教训可以作为大家的参考，到时候想买辅助用品的时候，一定要先问问你们信任的老师的意见，别也学我买一堆用不上的摆设。

王小妞第一年学琴时，报的全是幼儿园的课外班，没请家教。一周3节课，正好孩子午间不午睡，能够练琴。半年后，问题出现了。王小妞弹琴忽快忽慢，漏洞百出。她弹得慢的时候，听不出来，但一弹快了，就发现很多问题：节奏乱，音符错。我试着给她打节拍，但由于我自己没有基础，对于孩子的时快时慢，根本配合不好。那会儿楼上的妈妈每天给孩了打节拍，她的小孩和工小妞一起学的，同一个老师教，但节奏感始终比王小妞好。我特别羡慕。听了3年琴，我现在刚会配合孩子打节拍。会音乐的人最近才告诉我，如果我有心，跟着节拍器练3个月，就不会受孩子的错拍干扰，就能配合打稳了。早知道可以早协助她多好！

我咨询了很多老师，大家都建议孩子刚开始学琴的时候家长最好在旁边，和其他学科一样引导一段时间，等孩子稳定下来后再独立练习，效果会比较好。

另外，当孩子学琴一段时间以后，如果自己不能鉴别孩子的水平，可以上传孩子的演奏视频到土豆网，然后分享到几大钢琴论坛。会有很多专家来指点孩子的学习情况，也便于家长监督老师的教学质量。

## B 论持久战

因为我老公的“自由成长”理念，王小妞学了将近三年的钢琴，虽说热情还可以，绝对不讨厌，不过每周除了在学校由老师陪练三次，在家很少主动练习，学的成效也不是很理想，但好在保住了孩子学习的兴趣。为了保持她对钢琴的热情，我这三年可真没少下工夫。

那下面说说我对小妞学乐器的兴趣引导吧。

王小妞学钢琴不久后我就发现，刚开始学乐器真的是极其枯燥的。每天就是干巴巴地学习“123”，练手型，一点旋律和变化都没有，曲不成曲的大概要一个多月。就此，我还找教务主任咨询，她说乐器刚开始就是这样枯燥的。不过经过多年的了解，我也知道了系统的钢琴启蒙很多是从音阶开始的。让几个孩子一起学，做游戏练习听音，熟悉旋律节拍，做好准备再上手，就不会如此枯燥。另外，经过学习，我还知道音乐和语言一样，其实应该是先听后“输出”，那样弹奏出的曲调就会更有感觉，可惜我们的音乐教育在这方面下的工夫还是太少，所以很多孩子就算把演奏练得很熟，可听起来还是差点意思。

好在王小妞报的是幼儿园的钢琴班，她那时还不懂得和权威“抗争”，于是就在老师的“护送”下不知不觉地度过了枯燥的初级练习阶段，能弹些小谱子了。小妞感到很新鲜，也很喜欢，陆陆续续地又学了几个月。但到练习两手配合的时候，就又不爱学了。以前我没给她规定练琴时间，她那时在幼儿园不睡午觉，待着也是待着，所以给她报了一周3节、每节半小时的课，正好午休的时间可以练琴。回家之后她高兴练就练，不愿意练就算，也就这样过来了。但当学到两手配合以后，她怎么都不想学了，就让我给她减班，说累。

这个难题的解决真要感谢她的老师。我和老师微信沟通了一下王小妞的情况，问老师能不能帮忙在学校搞一次演奏会，让孩子有地方展示才艺。我听一个在国外的妈妈说，国外的学校每周都会让学过才艺的孩子自己报名参加演出，然后在班上登台演出。孩子们报名很踊跃，学习的兴趣也大大提高。我受此启发，和老师协商，老师同意一个月后进行演出。

效果果然很好。小妞特别重视这次表演，自己在家苦练了一个月。到了表演的日子，老师把琴室的钢琴搬到教室，让学钢琴的九个孩子都表演了拿手的曲目。因为王小妞准备得最充分，老师还特别表扬了她。小妞回来自己说，紧张得出了一身汗。之后我又利用春节的家庭聚会让小妞“献艺”，引导她练习了好几个月。我还跟她一起做了个漂亮的聚会节目单，还做了很多张可爱的门票发给家里的亲戚，上面绘有爱心图案，贴上贴画，还有她写的字。为了聚会上的演出，她苦练了数月，技艺提高了不少，很顺利地突破了学琴的瓶颈期。

在学习钢琴的过程中，孩子会遇到很多困难，比如识谱不熟练，或者双手配合难度加大，这个时候家长一定要想办法来引导孩子突破难关。克服了一个困难后，新的困难又会出现，这就需要家长培养孩子的毅力和恒心，让他（她）学会坚持。

王小妞有一阵不爱弹琴了，“登台演出”这样的方法也无法再引起她的兴趣，于是我又想到一个给动画片配乐的方法，比如《猫和老鼠》，让她听熟之后自己演奏。她说小熊跳舞的旋律像姥爷做饭，于是弹出了这首曲子，还自己命名为《上学》。有时候她弹歌，我和姥姥为她伴舞、做操让她静心感受。我还设计了几次“烛光晚宴”，让她为我们演奏，还给她支付了小费——但我要求她的演奏必须熟练优美、旋律动听，这样我才会为“服务”买单。我还告诉她，只要越弹越好，以后不但能有一技之长可以帮助家庭，还能用这个技能给最爱的人以美的享受，比如为她最爱的班主任献曲一首。我还告诉她，等她学完“小汤4”，可以自己创作小歌曲弹奏给老师听。我们还尝试把不同歌曲的不同段落合在一起，变成一首新歌。我还告诉她，所有“师”都是熟练掌握者，而“家”都是更高级的自由创作者，比如画家、音乐家、科学家，于是她说她最大的梦想就是当钢琴家！她说她要自己创作最美的曲谱，毕业前送给班主任……

就在我的不断鼓励、引导下，小妞把钢琴课坚持了下来。我们学钢琴，一直都以让孩子能体验到音乐的美感和学琴的成就感为目的，至于考级什么的，我们完全没考虑过。但是，在孩子学琴三年后，我的看法发生了转变。考级是验证孩子学琴成果的直观办法，说不定还能让孩子更自信，对学琴更有热情呢。于是，我打算找小妞谈谈话。

我跟小妞说，我和爸爸并不刻意追求考级的结果，只是想让她去检验一下学习水平，也看看专业的老师们对她技艺的认可度。让我欣慰的是，小妞一点也没有抵触情绪，还很认可我的看法。我们现在还没有去考级，但小妞的练习已经越来越自觉，也许孩子心里有了目标，也就更有学琴的动力了吧。

经过对小妞练琴的观察，我发现钢琴真是一门需要下大气力才能掌握的技艺，需要大量的练习，而且进步相对较慢。虽然小妞迄今为止学得很努力，但我总想为她减轻一点负担，让她能更多地体验到学乐器的快乐。

钢琴是乐器之王，是学习其他乐器的基础，也是锻炼耐力的利器，练习协调的好手段，于是我脑子里出现了一个新的点子——既然钢琴是其他乐器的基础，可以让其他乐器的学习效率提高，那小妞已经有了三年的钢琴基础，学其他的乐器一定很快，我何不借助“第二乐器”来增加小妞学琴的娱乐性，提升她的成就感呢？于是我开始找寻合适的第二乐器。

## 2、乐队来欢乐

经过多方考察，我发现打击乐学习起来相对容易一些，就想让小妞学习架子鼓。在北京，教架子鼓的名师很少，教育地点一般又偏远，所以很是费了一番心思。后来，还是妈妈圈里的一位妈妈推荐，我们才找到了一位离家近、特别棒的架子鼓老师。

我和老师沟通了一个小时。老师了解了我让孩子学架子鼓的用心之后，非常支持我的做法，同时也表示，让孩子学习乐器，就应该适合孩子的天性，让孩子玩得起来。她建议我不要让孩子学架子鼓，而是学非洲鼓，理由是架子鼓扰民、占地儿，家里本来就有钢琴，再加一套架子鼓，估计半个厅就被占满了。而且，架子鼓除了和钢琴一样不易挪动之外，还不像钢琴那样能单独演奏。而非洲鼓的表演形式就比较活泼，可以夹着鼓随时舞动，适合小孩，也能单独演奏。非洲鼓体积小又轻便，旅游出行都可以携带。非洲鼓可以独奏，可以与多种乐器合奏。最主要的是，它还很容易入门，老师说十多节课就能掌握基本节拍，可以随时玩了。

我连夜搜寻了非洲鼓的相关知识，找到视频看了看，哇，还真是不错呢！而且学它能更好地培养节奏感，对学钢琴有很大的辅助作用，正好修正我不会打拍子、孩子节奏不好的问题。它还可以锻炼身体，发泄情绪，优点实在太多了。我激动得连连感谢妈妈圈里帮忙介绍的那位妈妈，说了这个意外的收获。而其他妈妈听说学非洲鼓有这么多好处，要求和我一起去试听。

试听过两次后，我发现了更多的惊喜：这位老师是高等院校的打击乐老师，是国家著名打击乐团的队长，还组织过很多次儿童打击乐夏令营活动，教学经验丰富，教学水平极高。最棒的是，她买了我们小区的

房子建立了工作室，工作室里有二十多种乐器，每一种她都能演奏。这位老师在试听课上做了各种演示，并告诉我们，因为她自己也有孩子想学音乐，才开办了这家音乐工作室。她很理解我们的需求，也很赞同我们的理念，也是希望孩子对乐器产生了浓厚兴趣之后慢慢深造，这和我们的想法一拍即合。

老师承诺每学期都会开家庭音乐会，有鼓，有马林巴琴，有钢琴独奏、合奏，有老师演奏音乐配诗歌诵读……能让孩子在玩耍中学会乐器，也能让孩子闭上眼睛感受到音乐的魅力，这不正是我想要的效果吗？我们去试听的家长都很高兴，一起报了名。因为我们有一个妈妈群，孩子都在同一所学校里读一、二年级，立刻就组成了一个小乐团，我梦寐以求的国外流行的那种小乐队就这样建立起来了。

我们的乐队起名叫“熊出没”，除了参加老师工作室的音乐会、party，老师还会带我们去社区表演，去夏令营玩音乐。多棒的资源啊！很有福气是不是？有了这个乐队，朋友庄园组织音乐会的时候我们再也不担心节目单一、孩子们厌烦了。总弹一首歌，旋律再美孩子也会腻歪；有了乐队就不同了，孩子们可以进行各种合奏，你弹琴我打鼓，你唱歌我跳舞，多欢乐啊！

## 3、音乐游戏

这下，我又算帮小妞突破了学习钢琴的枯燥乏味期，还得到了第二协助乐器。王小妞已经学了4期鼓，很是喜欢。这个鼓很容易上手，还不用大量练习。因为孩子们喜欢玩，我们乐队每周会选一个傍晚，在夜幕下的河边小亭子里集体练习一次，美其名曰“乐队出演”。我为了配合孩子，也突击学会了“小汤1”“小汤2”，我弹琴她就打节奏，她练琴我就拍鼓助威。我们还把听到的歌都试着配鼓，猜是几拍，猜不出来就合起来感觉——这不就是听音训练吗？这种自然而然地学习多欢乐，也引导了孩子主动去听歌，去分析，去感受节奏。

我在音乐室旁听了几次课，购买了一些奥尔夫打击儿童乐器、撞钟、打击棒、沙球等，配合王小妞练钢琴，我们家庭的小乐团也成立了，实际效果别提多好了！一首需要练的歌本来规定一天两遍，但孩子为了听各种打击效果不停地换乐器，一合就是五六遍。最重要的是，整个练习的感觉非常欢乐。其实很多家长让孩子学音乐，要的不就是这种感觉吗？

玩完之后孩子兴奋不已，洗澡时候我问她下楼打羽毛球好玩还是合奏音乐好玩，她非常喜欢羽毛球，就回答说羽毛球好玩，但接着又说："热的时候，可以开空调合奏，我就觉得音乐合奏比羽毛球更好玩了。"

我想，经过第一乐器、第二乐器的学习，即使孩子后期练着仍然会觉得累，不过也很难放弃对音乐的喜爱了吧。出现的这一个个乐器游戏，多好玩呀！

现在王小妞不特别爱要玩具了，因为我告诉她，最好玩的玩具永远要有自己的能力和思想参与进去才会更有趣，完全出于他人设计的成品都是比较幼稚的游戏，玩不长。小妞已经能体会到这一点了，所以她的芭比娃娃等玩具已经慢慢被淘汰掉了。

迄今为止，我通过让她扮演钢琴课老师、创作歌曲、为动画片配乐、"高级晚宴"服务、合奏、欢乐音乐会等音乐游戏，还在吸引着她不断学习乐器，并引导她克服偶尔出现的困难。我不想说我的孩子多有音乐天赋，也不想说她学得多么好，但我相信她觉得这学习音乐很快乐，不会轻易放弃。

我想就这样带着孩子在一个个小游戏中战胜困难，愉快地、最大限度地掌握些艺术技能，提高艺术修养，使孩子以后的生活更加有声有色。如果有一天小妞真的想走音乐这条路，我希望这个坚实的基础，能让她走得更轻松、顺利。

## 4、品茶书法秀

王小妞现在还在学书法。

王小妞想学书法，是源自特别爱看的电视剧《甄嬛传》。剧中的皇后经常用毛笔写字，让她觉得很新奇。加上我有一次让她看她喜欢的明星孙俪在微博上晒的照片，拍的是孙俪用毛笔抄的经书，这些都让小妞对书法产生了极大的兴趣。

除了她自己的要求，我也考虑到国家对书法越来越重视，早学能让孩子养成练字的习惯，对她将来有好处。现在到小学二年级就会有书法课，而一年级的时候学写字也需要练习，不如从现在起就学书法，一举两得。

为了配合小妞练书法，我下载了很多古筝名曲当背景音乐，还专门买了一套漂亮的茶道用具，以便于品茶赏乐，写字读书。王小妞说再装修房子时，一定要给她留出一片天地，放个能站着写字的桌子，旁边再放个古筝，窗台摆好茶具，再来一个书架……这是我带她喝茶赏乐、写字读书后，她一直在念叨的梦想，说得我也非常向往。

现在家里用了两个墙面作为展示墙，把小妞的书法作品贴在上面，每个来串门的朋友看到之后都会赞不绝口。我当然知道也许有些赞美只是出于客气，但那又怎么样呢？只要能让孩子获得成就感，愿意为自己的兴趣继续努力，这些赞美和肯定就都是有意义的。

读到此处，你有没有发现，其实我设计的游戏既单一又统一，可以互相融汇贯穿，同时也能互为基础。如果孩子的阅读量跟不上，除了不能读课文、读小人书，玩游戏时也看不懂说明书；如果孩子不会看地图，没有基本的地理知识，那她也未必能看懂新闻；如果孩子没有学钢琴，就没有好的节奏感，那么玩非洲鼓乃至组乐队，她就无法参与……所以我上面提到的所有游戏，对你的孩子来说有可能很实用，但也有可能不适合。这个时候，你就需要根据你对自己孩子的了解，把游戏进行适度的调整、修改，让它们适合孩子，从而发挥游戏帮孩子“快乐学习”的作用。

我们都知道，如果家长是某个专业领域的佼佼者，或者有某项特长，孩子在家耳濡目染，就会无师自通。但我的孩子缺乏这样的环境，因为我没有艺术类的长项和技艺。但我可以想办法让我的孩子接受各种熏陶，不会只依靠培训班，毕竟培训班时间有限，金钱有限，精力也有限！

这些话我也和王小妞聊过，我告诉她：“如果家长搞音乐，那么孩子就可能有音乐天赋，学习音乐更有优势；如果家长是书法家，孩子的字往往也写得不错。但妈妈我什么都不是！”

王小妞问：“那是不是说，我什么优势都没有，没有继承到什么天赋啊？”她很伤心。我回答她：“当然不是，妈妈以前是销售冠军，而且性格乐观开朗，在生活中是很会玩、很有趣、很有亲和力的人。妈妈的强项特别多。你没觉得你现在已经继承了我的组织能力？你没觉得你现在越来越有创意，会改造游戏，能让生活变得更有趣了吗？”她想想说：“还真是呢！”

我本来是个没有艺术细胞的人，但因为现在成了一个“游戏创造者”，也是游戏执行者，更是陪同者，经过三年的学习、观察后，竟然对这些艺术品、乐器什么的越来越痴迷了，自己也能摆弄一两下了。于是我跟王小妞说：“妈妈也很喜欢学乐器，学艺术，但妈妈年龄大，没你学得快，你能不能自己学好了，然后多教教我？”她开心地说：“当然可以。等你老了，我还要买个大房子，一间屋子给你摆好书桌、茶盘和鲜花，一间屋子给你买满乐器！”我告诉她：“授人以鱼不如授人以渔，光有房子和器具，没有本领也没有用，也没人愿意陪我一起享受。写出的字难看，拿出去大家都会撇嘴；一堆乐器乱弹就会扰民，邻居都搬走了。我需要的是你能给我本领，让大家闻声而进。到那时候，当我两鬓斑白，虽然你不能总回来陪我，但很多搞艺术的老人可以陪我一同在夕阳下吟诗作画，弹琴品茶。那会儿妈妈会想起来，这些都是你送给我的礼物，一定会很开心的。”

这样的激励，对孩子是很管用的。小妞一下子就体会到了“学会本领才能帮助别人”这个道理，这让她有了一种“使命感”，学习热情更加高涨了。

# 七 自主阅读很轻松

王小妞5岁的时候，基础知识掌握得差不多了，兴趣开发得也挺广泛，识字量也够了。接下来，我准备抓“自主阅读”了。

想让孩子的阅读做到“自主”可不容易。小妞在小时候都是用有声读物直接听书，现在脱离了有声读物，又需要我带读了。可带读多久才能解放？孩子没自主阅读前，如何知道她的兴趣？如果用教育书上教的“内容停滞吸引法”——故事讲到一半，吊足孩子的胃口，吸引她自己去看书，这办法可行吗？

我试了一下这个办法。在当当网上考察了一下销售排行榜，买了大量的图书绘本，想要吸引小妞自己来阅读。可办法用了将近一个月，觉得效果不是很好。首先，要我这个“懒妈”天天带她读书很难，快坚持不住了；其次，“内容停滞吸引法”对小妞好像没多大作用。大概是我读得不够好，孩子呢，有点像做功课，到读书时间很勉强地过来听我读，有时候听到一半就开始耷拉脸，别说让她自己产生兴趣追读了，就连我读的部分她都很难坚持听完。

怎么办？怎样才能让孩子在一年内就嗜书如命、自主阅读呢？请看“懒妈”的高招。

## 1、图书馆来搜兴趣，一年过目百册书

想要孩子喜欢阅读，先要有能让孩子喜欢的书。

在网上挑书，最多只能看到几个图片和几行文字介绍，对于了解内容是远远不够的，最好还是先带孩子去书店和图书馆，让孩子自己摸摸书，挑选一下。刚开始我就犯了这种错误，在网上买了不少书，但王小妞爱看的不多，强行让她读书，效果也不好。她以前下载的几百本有声绘本，不喜欢就删除，一点也不浪费；但现在，买一堆书不看，崭新地摆在家里，成了很大的负担。吸取教训之后，我到首都图书馆少儿部办理了图书卡，开始了借书历程。现在看来，当时这一步走得特别对。

首图一个月可以免费借6本书，押金只要60元，非常划算。首图场馆很大，周末及假期无休。尤其是过节的时候，这里人会比较少，可以在里面仔细翻阅各种图书，挑选好了之后再借回家。图书馆有网站，在那里可以搜寻自己已经知道名字的书。小妞的学校会定期发给他们一些推荐阅读的书目，我都会在首图的网站上搜一下学校的推荐书。像《小屁孩日记》这种书图书馆里有，就不用买回家了，喜欢的话就借回家来看，看完再还回去，也省得买了一大堆书放在家里占地方。

第一次去图书馆的时候，王小妞还不太会找书，都是我翻着看了不错之后再推荐给她。但从第二次开始，她就找到了窍门，开始自己选书了。因为是她自己选的书，就更有兴趣去看，回家后我给她读书她听得也比较起劲。

后来几次去首图，在各个区域停留的时间越来越短，因为王小妞的

目的越来越明确。最后，她只去漫画和科普类图书区选书。我们在半年内去了6次首图。慢慢地，王小妞不再需要我的推荐了，都是自己选书。而且她选的书，从最简单的画册开始往纯文字书转变。比如刚开始她喜欢看“小牛顿科普系列”，后来就开始“啃”足有三指厚的纯文字书《航天员的秘密》。

我和小妞共同阅读的阶段开始了。我们会一人读一段，以我读为主。由于她太喜欢自己选的书了，还会催着我读。尤其是她发现了一批实验书的时候，里面那些图文并茂的实验游戏吸引了她，她把那些书当作宝贝一样爱不释手。因为要在一个月内还书，所以隔天她就要照着书上写的做个实验，而且是独立看完说明，准备好材料才叫我。小妞怕限期内看不完书，所以非常积极。其实这些书是可以续借一个月的，但我故意没告诉她，想让她觉得时间宝贵，需要抓紧时间——因为时间观念能让人更能理解书的价值与诱惑。

后期看来，这样的意识对带动孩子自主阅读的积极性起到了很大作用。后来我自己也在我们小区建立了一个图书角，供一、二年级的同学借阅图书。无论我们从哪里借书，小妞都会说：“如果不赶紧看，那看不完就该还了。”她那会儿还不能完全独立地阅读，只是偶尔在我睡觉时，自己先把简单的文字和图翻阅一遍，连蒙带猜地领会一本书约三分之一的内容。

就这样，我们用了半年的时间来初步尝试阅读。在这个阶段，看书仍然没能成为王小妞的爱好，只是能看得出来，她对某些书比较钟意，但还是以玩为主，并没有主动要求去借阅或购书，仅仅算得上初见成效吧。

## 2、阅读能力要提高，家长陪读不能少

因为我打算尽快让王小妞开始独立阅读，所以针对性很强，每次去图书馆的借阅量也很大。尽管王小妞已经能连蒙带猜地“读书”了，但要让她自己看书的话，我也弄不清她到底看到了哪儿。为了保持阅读的连贯性，所以我一般还是为她从头到尾念完，只偶尔要求她也为我读一段。

由于我是个急脾气，希望她把那些书快点看完，有时候听她读得太慢，就忍不住又拿过来自己读。她读的时候，我一再嘱咐她，一次要连续看五六个字再读，不认识的字可以猜，不要较真，以确保读书的连贯性。在这样的要求下，我们看了很多书，但小妞的阅读能力进步并不是特别快。往往我要求她自己读的时候，《西游记》一类的小人书，或者一些简单的科普书、实验书，她会同意自己读，其他的则不予理睬。我决定继续找别的办法。

又看了很多关于培养孩子阅读能力的书，一篇文章给我解了惑。文章指出，国外有专家研究少儿阅读，发现他们爱自主阅读的部分必须是他们已经理解了内容、懂得其意思的。如果是不太懂，还需要理解的语句，孩子就必须要经过他人的“翻译”来领会意思。例如，家长帮读，或者电视剧里演员的演绎。

国外的专家们做过一个实验：给一群四年级的小朋友看一个教育部制作的电视剧剧本，剧本的内容是三年级的小朋友就能理解的内容，但很多四年级的孩子都不太爱读。可是当电视剧播放以后，所有的四年级的小孩都爱看这个剧本了。由此可见，当父母用声音、表情和语调，为孩子读了那些他（她）自己不能读懂的文字，或者有演员把书的内容用表演的方式表达出来，孩子就能理解他们原本看不懂的文字。这也是很

多孩子爱让家长翻来覆去地读一本书的原因。

弄懂这一点后，我就明白为什么小妞会主动去读《喜羊羊》或《西游记》，却不愿意读其他书了。

那篇文章还说，孩子完全脱离父母的陪读要到四年级后。额滴神啊！看来我的“陪读生涯”还得继续！唉，耐下心读吧。

不过，往往在人“绝望”的时候，事情又会出现转机。

积压在手里的书终于看完后，我也大致了解了小妞的喜好，于是又去网上给她挑书，毕竟图书馆里新书太少。为了让王小妞喜欢，我搜寻了当当网排名前几页的图书销售排行榜，买了很多内容新颖、设计美观的立体书，大都是科普类图书，有《世界知识》《物理大世界》《艺术创意300种》等。正好赶上了圣诞节，我又买了袜子、圣诞红布袋和一些项链、小礼品。在平安夜，我把书装进袜子，偷偷挂到了孩子床边。第二天一大早，王小妞开心地打开礼物袋，惊奇地说：“这些竟然是圣诞老人送的礼物啊！”

由于这些书选择得好，文字配合图片，加上拉拉拽拽的好玩机关，让王小妞如获至宝，一下就打开了她自主阅读的大门。这些作为圣诞礼物的新书，小妞每天都自己翻阅，基本没有依赖我的讲解。这些书我们到现在还保存着，小妞时不时地跟小朋友说，这是圣诞老人送给她的礼物，太珍贵了。

有了这次成功的跨越式进步，我后来又给小妞买了很多旅游类、实验类、艺术创意类、科普类的书籍，孩子会从中挑一本带到学校自己阅读。刚开始她带去的绘本比较薄，几天就看完了，我会考她书上的内容，而她都能答对！后来她就会带一些文字较多的书。有一本三指厚的“How&Why美国经典少儿百科全书系列”，是朋友送的礼物，基本全是字，一套7本，从动植物到天文地理、物理化学都有。我本来想让小妞上三、四年级的时候再给她看，毕竟她才刚一年级，我觉得对她来说有点难。结果小妞自己翻出来这本书，特别喜欢，每天都要带到学校。开始

时她两周看完一本，后来是一周看完一本；再后来，三天就能看完180页了。我为什么这么清楚？因为她最初刚看完一本时，我除了考她书上的知识点，还找出下一本让她看。那时她阅读的速度真让我惊讶，于是我对她大力表扬了一番。结果，她后来一天看了多少页，回家就马上嚷嚷，追着等我露出很惊讶的神态，以便让她特别满足地“自吹自擂”，还会很自信地说：“不信你来检查啊，看我是不是都看懂了——你都未必有我读得快。”

从那时到现在又有半年了，王小妞迄今为止大概看了上百本书。学校订阅的月刊杂志，发到手里一天就能看完。我若提问她，恨不得都能背下来了。现在她不但能自主阅读，也真的喜欢上了阅读这件事。随着知识丰富，识字量剧增，上学学习认字更加没难度了。很多时候，别的小朋友在家学认字，我们在楼下玩。这些实惠的好处，小妞也是能体会到的。现在，她会经常催我买书了。

我后来还专门买了茶具，陪她边喝茶边读书，听着她给我念每本书里新奇的事。有一天，她又给我讲了一个知识，我现在记不起是什么内容了，但当时特别惊讶：还会有这种事啊？我们俩一起大笑了起来。那时我忽然觉得，我妈妈小时候常说“书中自有黄金屋”，书能让我们有学识，还能找到好工作……但真的需要这么多吗？其实只是“读书长学识”本身就足够让人欢喜了。

王小妞后来常说：“妈妈，以后我长大了也要像你一样认真和宝宝玩，然后跟着她一起，也会学到好多知识！”这就是我带孩子时，她的体会。她这么小，就已经读懂了父母带孩子能让家人都开心成长的奥秘，是不是很令人欣慰？

## 八 新新科技细搜索，省钱省地还好玩

现在市场上的玩具越来越多，各种各样的玩具让人眼花缭乱，经常让我们在选择的时候很无措。

从孩子呱呱落地开始，我也和其他妈妈们一样，择优购买很多玩具，知道一些关于选择玩具的小窍门。比如毛绒玩具在北方容易有螨虫细菌，要选择布艺和质量好的；塑料玩具质量不够好的话，会有毛刺扎手或者味道比较重；如果孩子还在4岁以下，不能选可拆卸的小玩具，因为小物件容易让4岁以下的小孩误食……

就靠着这些选玩具的小知识，婴儿床摇、摆铃、识物书、洗澡玩具、布娃娃等能锻炼孩子手力和眼力的玩具就开始从商场陆陆续续地被我搬回家中。它们像孩子的忠实伙伴一样，伴随着孩子一摇一摆地进入了步行阶段。这些玩具体积还小，淘汰也还算快，倒也罢了。

孩子会走以后，“战场”从家里向室外拉开帷幕。可室外玩具的体积大得多，搬来容易，搬走却难，屹立在家中，占地儿又浪费资源。那时

的我总觉得，这些玩具是独生子女的特殊伙伴，所以也有点不忍心把它们扔掉。像孩子玩的电瓶车，小桌式钢琴、工具台、小滑梯、轨道车……在能力所及的情况下，父母都愿意多给孩子添置玩具。而玩具越来越大，越来越多，家里的空间有限，渐渐变得拥挤不堪。

据我观察，每一个有小孩的家庭，不管住多大的房子，不管是几居室还是别墅，也不管家里有几口人，都是无处下脚。我就在想，在这个寸土寸金的时代，难道没有既节约空间又能收紧钱包的益智、有趣的玩具吗？

我曾经问过女儿和其他“小司机”对于电瓶车的感受，他们都说，因为长大之后拥有了滑板车、扭扭车、自行车、蛙滑车等多种户外玩具，其实对电瓶车不像小时候那么喜欢了。这种千元左右的电瓶车，在我三年修过两次后，维修人员告诉我，电瓶即便保养再好，也需要每年更换，一次就过百元。随着年龄的增长，孩子们在“翻斗乐”、电动游戏娱乐区、社区儿童游戏场等地方已经消耗了很多精力，电瓶车摆在家里他们一年也玩不了几次。而且一旦出门，因为他们随性“开车”，家长还要担心看管不牢，这电瓶车偶尔还会成为我们的负担。

在新鲜繁多且品质精良的新玩具中，经过我在淘宝网玩具类的几千页，以各种条件反复搜寻、比较后发现，家长们完全可以找一些可折叠的玩具，或者功能类似又不占地儿的玩具。

## 1、实用益智篇

### A 拇指汽车跑世界

有一次小妞在玩铺满客厅的那种轨道汽车。她闷着头玩，毫无创意地来回绕着圈。

在听着姥姥不停的“这东西太碍事”的唠叨中，我想：“能不能帮孩子扩展思维，让他们开动想象力，玩意味更广阔、更有趣、更新鲜的‘桌面地图拇指车’？”

我试着选择了能铺在桌子上的木制地图，教小妞用拇指大小的汽车在世界地图上“奔驰”，想象着车子驶过世界的各个角落。

这个游戏是我想让孩子在玩的时候节约空间，顺便能学习点地理知识的一个尝试。没想到，在拇指汽车的驰骋中，孩子不但学会了关于很多国家、城市的知识，了解了地球有几大洋、几大洲以及气候等常识，还因为从电视、iPad上的补充学习，开发了想象力，在脑海中描绘出四维的立体景象。这个游戏让孩子在锻炼大脑和想象力的同时，也让姥姥不再为绊脚的轨道发愁了。

王小妞大一点后，我又把她的毛绒玩具全部换成了手指动物，在地图上配合英语玩情景游戏。在“玩具小动物因为全球变暖而大迁移”中，她学会了关心动物、关爱生命。我买了微缩的小人，配合新闻上讲过的各种灾难，让王小妞进行发生海啸、地震、泥石流和火灾、踩踏事件时的逃生演练。她高兴地拿着消防车、小警车在我的描绘中紧急救援。小妞很快就学会用不同的工程车处理不同的情况，并把小车“开”往四川区域，准备支援汶川重建。

通过游戏让孩子学习知识、关注社会的同时，还可以用这些小人偶在“格曼妈妈反复贴”上过家家。作为一个女孩子，最向往的是成为家庭的女主人。几块比A4纸大不了多少的贴板，描绘出城市、超市、家、动物园等场景，还配有很多贴纸，质量很好，孩子可以自由设计，来回穿梭，学着家长的样子带她的“孩子”度过每一天。这种轻便的玩具能够淘汰掉庞大的“芭比别墅”，让孩子在自己设计的小世界和小人偶中认识社会，模拟人生。这种玩具不但能帮助孩子开发想象力，游戏场景和内容也更加丰富，绝不逊色于立体的巨型玩具，而且易挪易动，摆放方便。这种“反复贴”可以玩很长时间，并且有趣、益智，只需要几块A4

纸大小的板子和一小口袋小人、小汽车就足以满足孩子了。

很多大型积木我也只选一点，其他用磁板积木、益智拼图、磁力棒、拼插积木等各种形状和结构不同的积木来代替，收纳更为方便。我还把小积木搭建在地图上，看地震时怎样才不容易倒塌，让孩子了解建筑结构。我把工具台换成了有很多模具的手工书，既省地方，还能有更多的发挥。不过3岁前的小孩没有劲，剪刀按下去很难张开，我就在网上买了一种叫作“马培德”的魔法安全剪刀，它的设计带一个自动返回弹簧，问题就迎刃而解了。

后来我还买了《图画捉迷藏》等书，也能锻炼孩子的眼力，让孩子学会静下心来专注于一件事。

很多立体的模型、模板也锻炼了孩子眼和手的协调性，以及使用工具的能力。我还经常听着iPad的有声绘本故事，玩手指画颜料、胶画、沙画、金粉画等。这个游戏要求孩子先铺些报纸在地上，然后戴好围裙，准备好棉签、牙签等，在孩子作画的时候家长及时修正，引导他们创造更好的作品。这样家长不但带孩子玩了游戏，还教会他们做一件事要有始有终，细致有序，让孩子养成好的习惯。

到现在，有这种好习惯的伴随，王小妞在练书法、作水彩画时，兑墨、冲洗瓶子、收放笔和风干作品时，很有条理。她依然是用游戏中养成的程序，井然有序地自己完成。

以上种种玩具除了能让我家腾出更多地方，也都很好收纳。在我们玩了一年多的轻便玩具后，意外的惊喜是，幼儿园的老师经常说王小妞知识丰富，做事认真，能坐得住。而手工作品的时常展览也让王小妞在幼儿园收获了很多自信。有了这些手工能力，对后来我们在做科学实验时组装很多小器械也起到了很好的作用。

受此启发，王小妞大一点后，我又为她买了一些水彩。研磨颜料不但能培养她对绘画的喜爱，对色彩的认识以及学会手的力度控制，还可以让她的专注力大大提升。这个效果在后来小妞做作业的时候也强烈地体现出来。

听班里其他小孩的家长说，自家孩子做一件事坚持不到半小时的时候，王小妞早已可以为一幅作品或作业安静地坐在书桌前待一个小时以上了。

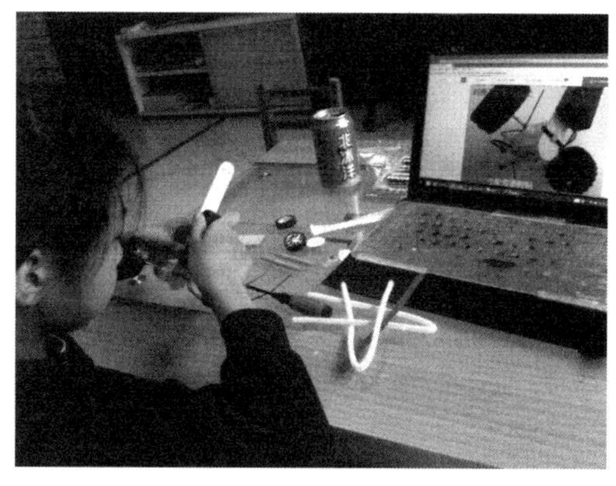

我现在才明白，由于我的动手能力特别差，不细心，所以做事特别不爱坚持，只爱动脑和嘴，要动手的事一律不喜欢，因为做不好！而小妞因为手巧，经过认真的研究，总能把作品完成。有了这种自信和经验，她就愿意为了目标而慢慢地努力。这种良性循环，养成了孩子认真执着地完成作业和作品的好习惯。

有一次，小妞创作了一个“气球画”。作品是在气球上画脸，在纸上画衣服，然后把气球和纸黏贴到一起。因为球是圆的，粘点小，费了好大劲，怎么也粘不好。小妞的这个创意很好，但我觉得太费劲，就让她赶紧处理掉。小妞惊讶地说：“我能完成啊，为什么要扔掉呢？”我对她说：“不好弄！算了，别费劲了。”小妞没有听我的，自己坐到一边继续尝试。大概过了30分钟，她把已经完成的作品放在背后，先让我闭上眼，然后慢慢拿出来。

当我睁开眼看到她完成的作品，看到她动用了很多胶带，用各种办法把气球和纸黏贴得很结实的时候，真的很感动于她的耐心和坚持。在孩子小的时候培养出他（她）的这种耐心和韧劲，对他们的以后应该会有很大帮助吧。

在不停的购买中，我还发现，现在很多毛笔已经不会蘸着墨汁弄得哪儿都是了，而是有专门的魔术纸——毛笔蘸自来水写后很快能干，还可以反复写。

新出的“神奇画布”，在一根水笔里灌满自来水，在画布上随便涂写，大概几分钟就干了，带到楼下“展览”或者旅游外出时带着都很方便。

还有作为装饰墙的“黑板贴纸”“故事卡片”等，这些物品大大节省了我家的空间。而且相对于那些硕大无比的玩具，它们对孩子有更显著的开发脑力的效果。最主要的是，孩子们也喜欢这些需要用自己的想象力、动手能力来参与的玩具。王小妞就说：“我最喜欢这些可以变化的复杂游戏了。”

### B　棋牌益智

随着王小妞逻辑思维的提高，我还教她玩棋类游戏。

飞行棋能让孩子很快领悟到不同的点数，选择哪个棋子可以效率最高、最快捷，以及自己怎样设计最佳路线和阵型，才能更快地炸毁敌人。

儿童麻将的学习方法也不难。开始教的时候可以不用四副牌和一对麻将。太多的牌，不好教，也难以让孩子理解。只需用两副牌和麻将，让他们理解大概的玩法。如三张一二三条，三个五饼，加一对是“胡”，很快他们就能理解。等明白以后，就按正常牌玩几把。王小妞3岁多就会玩电脑里的“明星三缺一”游戏，并且经常能胡牌了。

小妞玩五子棋进步最为显著。刚引导了几天，她就能理解“扰乱对手视角”的方法，甚至会设计“双三双四”的简单阵型。可以说，五子棋锻炼了她“走一步看三步”的通观全局的思维方式。

像“大富翁”这种超难的游戏，本来我不是特别想教她，因为涉及的内容太多了，觉得她很难顾全。但4岁多时，小妞软磨硬泡，居然也在我极不情愿地教授后学会了。她通过盖楼、买股票、抽奖券、赢点卷、玩“陷害”成为最后赢家的时候，手舞足蹈，欢乐不已。这些小游戏看似简单，但当孩子真心想要玩好的时候，你会发现他（她）有多认真。

要玩转“大富翁”，需要顾全的东西太多了。例如认识股票、设计点数夺得点箱，以及使用工具困住敌人，防“穷神”躲“厄运”，甚至设计置换，令整条街升值……当孩子真能游刃有余地解决这些问题的时候，你会惊讶于他（她）的理解能力和天赋。

现在的孩子因为体验的丰富、学习工具的先进、更加具象的知识传播途径，对知识的获取吸收之快，经常让我错愕。千万不要低估孩子们的能力。就像“干瞪眼扑克”，这种扑克类游戏我小时候是在胡同里看会的，大概到了三年级才开始玩。而现在的孩子，4岁就可以和家人享受这种角逐的乐趣了。

不过我教的这种扑克是改良过的，很简单。它是一种简单的二人以上扑克，每人5张牌，不管出多少张牌，每次只能补1张。大概的规矩就是出牌的形式可以是对、顺或单，下一个人只能接上家出的、形式相同但而数字更大的牌。比如上家出“对五”，下家只能出“对六”或最大的“对二”；上家出“三四五”，下家只能出“四五六”或中间用“王”来代牌。在游戏规则中，“王”最大，其次是“二”；“二”不能带其他牌，而“王”可以随便带，但最后不能单独出，只能配对或顺出。如果没有人接，可以自由选择出牌，谁的牌先跑没就获胜。

这个游戏玩起来其实也很锻炼脑筋。怎样设计牌的“队形”，怎样让“王”能更好地利用，怎么样选择出牌方式从而不宜让对方接手，怎样设计留牌的技巧等，都需要认真地想一想。最主要的是，这些棋牌，很小的孩子都能很快学会，也不用家长让着他们，因为规则简单，完全可以用真实水平对决，输赢也很均等。

另外，“憋七”“变色龙”也很不错，在网上有很多这种游戏的介绍。

上学不久后，孩子去同学家接触到了新的桌游游戏，很是感兴趣，回来让我买，我一搜！妈啊，一百多种，很多都是大人经常玩的“杀人”游戏等，怎么分辨和知道孩子会不会玩呢？看了10多种说明，不见牌只看说明完全看不懂。看了半天，反正也不贵，大不了学不会就等长大继续玩，除了要求人数特别多，和感觉太不适合孩子的，一下买回来70多种。和孩子连研究带玩一暑假学了40多种，因为简单益智，老人居然也爱玩。微信分享后，大家看着我家老人小孩齐欢乐的全家一起玩热闹场面，都跃跃欲试，强烈要求介绍分享。还因为桌游游戏太好玩，孩子被很多朋友邀请数次，去别人家举行桌游派对游戏，假期开心极了。雾霾时孩子们在家中决战，好天气铺个地垫去草坪娱乐，甚至很多已经上初中的孩子，观看后也抑制不住恳求加入“战斗”。和这些七八岁孩子一起战斗，竟然偶尔也在游戏中输了呢。孩子在游戏中练习了反应能力，锻炼了智力，特别值得推荐。

下面我简单分享些特别适合6岁以上孩子玩的桌游吧。反应类：找你妹、德国心脏病、拍苍蝇、图腾快手、扭扭乐、猫了个咪。益智类：Uno、吹牛、矮人矿工、穿越火线、扑鱼连连看、星际征服、加勒比海盗、神秘花园、宝石迷阵。推理类：神马东西（锻炼发撒性思维，无标准答案）、你来比划我来猜、老师别嚣张、后宫真烦传、只言片语。拼音练习：天才对对碰。

这些游戏好玩到连我17岁的侄女都看得眼馋，专门花两天跑我家，和我们大战三天还没过瘾。孩子总和大孩子玩，进步显著得无法言语。这类游戏还增加了家庭欢乐氛围，简直太棒了。

棋牌游戏对思维锻炼的好处很明显。后来孩子零基础，在学校报的象棋班仅仅学习了八个月，就拿到了朝阳区比赛第二名的好成绩。

棋牌游戏是非常好的家庭亲子游戏，好玩又益智。尤其是对男士来说，在不知道和孩子怎么玩的时候，最适合用棋牌游戏亲近孩子。而且让爸爸来教孩子玩棋牌，一般比妈妈教效果要好。因为爸爸不仅会介绍规则，还能教给孩子一些玩游戏的小窍门。

棋牌类游戏能极大地提高孩子的逻辑能力、分析能力，也能让孩子注意力集中，同时还能培养小孩抵抗挫折、不怕输、淡定坦然的心态和独立解决问题的能力。

## 2、利用新科技

虽然上面讲述的游戏都很好，但总在家里坐着可不好。我希望孩子能加强锻炼，身体强健。

在我耐心的搜寻中，又发现了“体感游戏”和双人跳舞毯。这一类玩具可以让孩子在雾霾天和寒冷的冬天待在家里活动，保持身心健康。

我买的是小霸王那种升级版的体感游戏。一直以为这种玩具要好几千元，后来发现才400元。那个小投影仪后面有三个插头，和录像机一样，前面就手掌大小，放在电视机前面对准人就可以了，简单好玩不占地儿。小霸王的游戏卡里除了有我们小时候爱玩的80多种星战、汽车、机器人、魂斗罗等传统的手柄按键游戏，还增加了20多个类似打雪仗、跳远、跳高、投标枪、钓鱼、切水果等体感游戏。游戏时，电视机里会有各种场景，我们只要站到电视前，就可以通过动作来玩耍，特别能增加运动量，大人玩15分钟都出汗。里面还隐藏有20多个双人比赛的手柄晃动游戏，比如网球、跑步等，玩的时候充满了乐趣。王小妞很快就掌握娴熟，家里老人看着新鲜，也忍不住参与其中。体感游戏不但让家庭气氛更活跃和谐，也让老人、孩子的健康得到保证。我老公下班后看到家里一片祥和欢乐的景象，大大赞美了我一番。

iPad这种新时代的科技产品我已经介绍过太多次了，它帮助我克服了很多困难，真应该好好利用。

iPad里有各种有声绘本故事，能够让孩子听书；还有各种配合学科互动练习的小游戏，如“识字闯关”“数学农场”“音乐触摸”等，既能锻炼孩子的逻辑思维能力、探索能力，又能培养孩子克服困难、寻找答案的意志力，还能帮助孩子巩固在学校里学到的知识！只要把它们利用起来，就能让孩子通过游戏，更有兴趣地学习，爱上学习！

还有一些模拟生活场景的游戏，比如“家居装饰”“服饰搭配”类的游戏，我也会让孩子尝试，顺便教她一些色彩、纹路搭配的简单知识，培养她的生活技能和品位。现在我还预留了很多备用软件，准备在孩子再大一点的时候学习。

说到这里，我想起来一件事情。我的侄子总在汽车行驶时打开车门，在打车的时候弄得司机很气愤，他妈妈说了几次都不管用。后来，我让他在我家用iPad搜索，看了几段因为开车的时候乱开车门而发生事故的视频，又给他看了一些交通安全教育绘本。侄子了解了这种行为可能带来的严重后果，今后果然没有再犯这种错误了。

在孩子学前就有意识地用游戏来锻炼他们的思维能力，能让孩子在之后的学习中更加顺畅。不比不知道，我经常教小妞玩棋牌游戏，觉得还算顺利；后来邻居家和小妞同龄的孩子来我家做客，我教他们玩棋子、银行游戏时，能明显地感觉到他们理解起来有些吃力，因而也不喜欢参与玩耍。由此可见家长有意识地用游戏来锻炼、开发孩子的能力是很重要的。

但是也要注意，玩游戏要适度。尤其是很多借助于电子产品的游戏，它们虽然增加了全家人一起玩的欢乐时光，不过时间太久的话，对视力会有影响。我很注意时间的把握和对孩子眼睛的保护。有些“找茬”类游戏或者动作类游戏，的确能锻炼孩子的手眼协调能力，可以适当玩玩，但一定要适度。我认识一些家长，出于同样的顾虑，干脆禁止孩子玩电子产品类的游戏。这我倒觉得有些因噎废食了。现代社会科技如此发达，电子产品已经是我们生活中很重要的一部分了，若是刻意把孩子隔绝出去，孩子什么都没见过摸过，也不懂，不会玩，这会影响他（她）跟同龄人的交流。“我玩过”“我知道”这一类的话，能让孩子有自信，愿意积极参与，也能让他（她）在孩子们的小团体中更有融入感。

如果有iPad，游戏资源是很丰富的。怎样尽量节省时间，让自己搜索游戏、选择游戏时更有效率呢？

我推荐家长们使用一些好用的搜索引擎。比如我的iPad上面就有“装机必备HD”“幼儿应用大全”“淘米妈妈”等亲子游戏应用导航，上面会把很多软件清晰分类，家长们可以按学龄来选择，节省了很多时间。

另外，还有个省钱的秘籍跟玩iPad的家长朋友分享。虽然有不少好的应用要花钱，但我总体上在这方面花钱较少。除了特别有用的应用程序，一般我都是先不买，而是将其放到苹果账号的“欲望清单”里，每周有空看一次。因为收费的应用大部分都会有一段免费使用期，就在那个时期下载下来就可以了。用这个办法，我至少剩下了2000元钱。还有，现在的很多学习软件都能先试用，或者分阶段购买。我都是让小妞先玩一段时间，再根据她的兴趣看要不要再买，这也让我省了不少银子。

我下载的游戏多，王小妞的可选性也多了。她会总选择新的游戏尝试破解，不会特别钟情于哪一个，更不会上瘾。在不断提高游戏能力的同时，她更乐意和我一起玩变化更复杂的实物游戏，不会沉迷于电子游戏。只有在我没空陪她玩，或在外面吃饭无聊的时候，她才玩一会儿iPad。

小妞的小伙伴们来我家，总缠着我要玩我们的iPad；楼下的小朋友们见过我手机上的游戏后，都对小妞说：“你妈妈怎么给你装这么多好玩的游戏啊？回家我让我妈妈也装！”

王小妞却说：“我更喜欢和妈妈玩那些可以变来变去的地图游戏和创意手工，不喜欢老玩这个。”

我个人真的觉得，如果孩子痴迷于电子游戏，也要怪家长能给予孩子的乐趣太少，不能一味去责怪孩子没有自制力。试想一下，如果爸爸、妈妈能带着孩子一起玩那些妙趣横生、变化无穷的亲子游戏，孩子还会依赖于冷冰冰的电子产品吗？

从微信开始流行后，我添加了很多微信公益号，有教育类的、音乐类、创意类、幽默类、游玩项目类……这些精心筛选的公益号，每天像万花筒一样为王小妞各方面的兴趣引导提供着思路。虽然说微信是“碎片文化”，但提炼好的部分拿来借鉴一下，还是有用的。微信上有一些创意艺术，把各种废品进行改造，文字配以图片，又新鲜又唯美；还有一些制作玩具的方法，让孩子有了动手的兴趣；一些设计方面的前卫的图片，让孩子长了见识，开阔了眼界；甚至一些小故事、小笑话，也时常能给我们惊喜。

微信上有个视频介绍4岁的外国小孩，用纸做了很多礼服。小妞也被激发了兴趣，一度试着用纸来学习“服装制作”。微信上的信息传播速度很快，有国外最新出的“杯子舞”和流行歌曲，小妞第一时间接触到，就立刻学习起来。她听挪威的流行歌曲“The Fox”歌，无数遍地听世界上最难演奏的钢琴曲，模仿爆红的儿童乐队组合，还会经常上网听中国古典音乐网的“每日一曲”或合辑……这些好玩的视频让孩子看到了音乐的各种有趣的表现形式。

带孩子经常看幽默的视频和小故事也很好，能逗得孩子哈哈大笑。其实幽默感也是需要从小培养的。而一些科技类的小文章，比如揭秘宇宙奥秘的，是用图片演示一次高速旅行，每次以10倍速度跳跃，由此来演示微观世界。这些图文并茂还有动画的小文章，简短、具象、有趣，每天孩子放学看几个，不到10分钟，但学到的知识丰富又全面。

大概每个孩子都喜欢仰望星空，探索宇宙。我会在微信上保存很多关于宇宙知识的链接，带孩子出去旅游的时候，晚上躺在椅子上，一边看星星，一边用iPad对照星星，跟孩子介绍星星们的故事。2013年8月，我们在巴厘岛正好赶上狮子座流星雨，我跟小妞在网上找了很多相关帖子，边等流星雨边讲相关知识，一直熬夜到凌晨2点多。如果能多一些这样美妙浪漫的课程，孩子怎么可能厌倦学习呢？

看的多了，了解的就多；了解多了，想去知道和做的就多。我们有时候总是感慨自己的庸庸碌碌，我现在觉得还是因为自己的视野太窄了，找不到感兴趣的东西，自然就没有毅力下手去做。现在科技发达，要善于利用先进的工具，让孩子尽可能多地接触各方面的知识。这样孩子的眼界宽了，选择的余地大了，对他（她）寻找自己的兴趣所在大有裨益。我们总说科技改变生活，最重要的意义大概就在这里吧。

## 3、集体游戏篇

现在的家长普遍重视孩子的身体，的确，首先得保证孩子的身体健康，不然学习再好都没用。

王小妞的锻炼方式有很多。在她四五岁的时候，在小区里骑车、玩轮滑是她比较喜欢的活动方式。她也跟很多小孩子一样，喜欢跟小伙伴们一起乱跑，有时还乱捡东西。我那时总在想，有什么玩具能让孩子在安全锻炼的同时，也能学会集体协作呢?

于是我在这方面做了不少功课，看了很多亲子游戏视频和幼儿园集体活动的介绍，又从“淘宝”网上细心搜索，找到了沙包、大跳绳、橡皮筋、竹蜻蜓、塑料弓箭、化石、软泡沫飞盘、塑料高尔夫、地书笔、充气飞碟、包括纸质灯笼、迷你陀螺枪、美国环保EVA玩具、吸盘式飞镖、羽毛球、粘粘球、塑料充气足球等玩具。

这些玩具的好处是，能把小区里的孩子都集合起来玩，而且价格便宜，经久耐用。每件也就几元钱，多买几样，设计规则来比赛，既能安全地锻炼身体，还能让孩子在合作中提高情商，学会和小朋友友好相处。在孩子上学前的这个宝贵时间里，家长应该尽量教会孩子懂得分享、遵守规矩，培养他们处理和解决问题的能力。这样孩子上学之后离开了家长的视线，家长们也能放心一些。具体应该怎样通过游戏让孩子融入集体，在本书的第一部分有详细介绍。

小区内3岁以上的男孩正处于“满地乱跑”的阶段，他们家的阿姨或

妈妈常常向我道谢，笑着说平时都要追着看孩子，自从我带他们玩集体游戏，她们省心省力多了。我的集体游戏能把小朋友们聚集到一个安全区域内一起玩耍，便于家长看管，不用再追在孩子身后了。

再强调一下，让孩子们在游戏中锻炼团结合作的意识是非常重要的，只有让孩子融入集体，他们才能通过同龄人之间的种种互动更好地理解社会，远离孤独，拥有更健康的身心。

上面我推荐的这些玩具经济耐用，又能有效地锻炼孩子的协调性、团队精神、合作意识，一举多得。

玩具的种类比较多，为了携带方便，我特意买了一个沃尔玛拉筐。有了这个筐子，在家收纳玩具很方便，出门也好带。我还在筐子两侧安装了两个小袋子，一个用来放临时垃圾，另一个用来放容易缠绕，或容易从缝隙中掉落的小玩具。这样的筐用来带水也很方便，可以给孩子洗手，或者玩“地书笔”等会用到水的玩具，以免还要回楼上打水。

虽然我买了这么多好玩的玩具，得到了家长们的认可，但也不是一帆风顺。我曾经不知道户外运动需要的大型玩具，例如，自行车、滑板车、蛙滑车等应该尽量去实体店里现场试用一下再买，不然网购的话退换率极高。而且后来才知道，孩子们发育情况不同，体型也有差异，对这类玩具的舒适度要求比较苛刻。不合适的运动玩具不但让他们玩得不舒服，还有可能影响他们的骨骼发育。所以再后来我选择这类玩具，就谨慎多了。

还有就是一定不能心存侥幸，要做好保护工作。在带领刚学会骑车的女儿参与一次小区骑车比赛时，没戴护具的女儿胳膊摔骨折了。在积水潭医院的急诊室等待时，医生告诉我，屋里骨折的小孩几乎都是“飞车族”。医生说，小孩在6岁前骨骼没发育好，从车身摔到地面的距离虽然不高，但还是很容易受伤的。户外自行车、轮滑等运动都有一个最佳学习时间，太早学会对骨骼发育产生不利影响，妈妈们一定要先学习相关知识，千万别等孩子长成“X形腿”或者身体受伤了再自责。

# 九 广阔天地眼界宽，搭建平台创自信

我们从小学了那么多知识，现在又希望孩子学更多的知识，无非是希望他们将来能生活得更好。但回忆一下，在我小时候还不确定未来定位的时候，自己也搞不清如果不当宇航员，学天文做什么；不做建筑师，学那么复杂的数学干什么；不做科学家学，学物理化学有什么用；不做音乐家，学那么多乐器干什么……

现在，我越来越觉得，爱学习其实是孩子的天性，就看家长怎么帮他们把天性激发出来。除了用游戏引导开发之外，如果能让他们明白学习的意义，对他们自发学习会更有帮助。比如观看飞行员开飞机的视频，看钢琴大师的演奏视频等，让他们明白“技不压身”这个道理，鼓励他们为了自己的生活更多彩而学习。

也许有的孩子还理解不了“学习的意义”，家长也可以利用“眼前利益”所能带来的成就感来激励他们。比如，可以学会“复杂有趣的游戏”而获得朋友，用“知道的多”获得老师的表扬，用学会的技艺赢得大家的掌声……孩子也是有自尊心和成就感的，用看得见摸得着的奖励来引导他们，也会很有效果。

这个时候，家长就需要一些让孩子能展示自我、收获鼓励的平台了。

我们社区的家长们有个校外微信群，很多“大事件”都是在这个平台完成的。

这个群是孩子们上学后不久建立的，最初是和小妞从幼儿园升小学时，她同学的家长们一起组建的。后来，更多活跃且志同道合的妈妈们又加入进来。我们的孩子们都是在同一所小学上学，因此如果组织活动的话非常方便。

为了让刚入学的孩子们尽快进入状态，互相熟悉，交上朋友，从而避免在学校里感到难以适应和融入，我特意组织了一次音乐会、一次圣诞晚会和一次化装舞会。由于我们这个平台的家长们沟通顺畅，这些活动都很成功，孩子们很快就结成了朋友，一起快乐地步入了小学阶段。

在这个良好的基础上，平台的妈妈们对我更为信任。有了她们的支持和帮助，我们后面有了越来越多成功的活动。我们建立了“跳蚤市场”“冬季长跑队”“图书置换角”“自然触摸团”“熊出没”乐队和即将实现的博物馆通识教育、《儿童报》平台。这一路，非常感谢有这些妈妈们的支持。在我们的共同努力下，这些平台在社区不断发展，既为家长们节约了时间、精力和金钱，也让孩子们有了一起玩耍，一起学习，一起进步的朋友。我想，家长们都愿意为孩子的成长付出，只要我们肯想办法，肯走出这一步，就能把这种力量汇聚在一起，收获更多的果实。

## 1、跳蚤市场

我们小区原本就会不定期地举办“跳蚤市场”，但一般都是为大人们提供的，小朋友用的东西很少。不过孩子们很喜欢那里的热闹气氛，小妞就经常要求我带她去逛。可是逛来逛去都找不到什么她能用的东西，加上市场上的参与者都是大人，孩子也有些羞于开口去“谈生意”。其实孩子上学后，要淘汰的玩具非常多，有些小东西送人吧，不显好，扔了呢，又有点可惜。如果能有一个属于孩子们的跳蚤市场，让他们能互相置换物品，既不会造成浪费，又有新鲜感，还能锻炼孩子的表达能力，何乐而不为呢？

说干就干，我在我们的家长群里发起了号召，没想到一呼即应。在一个春天的上午，小区里的每个孩子都带着准备好的物品，包括图书、玩具，还有我要求孩子提前设计的独特的宣传海报，进入了我安排好的场地。

我在地上铺了一个面积约4平方米的野餐垫，铺满了准备好的物品。20多个正在读一、二年级的小朋友蜂拥而至。都由于每个孩子都有一两个发小或同学，因此相互之间非常热情，一会儿就聊得火热，完全没有腼腆尴尬的局面。马上就有大胆的孩子带头叫卖了：“大家快来看我的宝贝了！物美价廉，欢迎选购——”其他孩子也开始跟着叫卖起来，后面还有人发明出自己的销售口号：“我的宝贝，买一送二！”

那天的活动空前成功，孩子们互相打听、问询、砍价、推荐，像足了一个个小卖家，没有一个摊不开张的。孩子们一会儿卖卖自己的货，一会儿又去别家逛逛。有的孩子正在付款买别人的东西，忽然又被“顾客”催着叫回自己的摊子，忙得不亦乐乎。

因为这个“小小跳蚤市场”上的“商品”有很强的针对性，就是为孩子准备的，而六七岁孩子对玩具和书的喜好都差不多，所以交易量空前火爆，每个想淘汰玩具的妈妈又都拿回了一堆宝贝。

为了好卖，孩子们的叫价会越来越低。他们还没有足够的商品价值概念，有的孩子花2元就淘来价值30多元的七八成新的笔盒套装，3元就买来漂亮的米老鼠发饰……这一点我早就想到了，所以活动开始前，我就在家长群里特意嘱咐了各位家长，要鼓励孩子感受商品交易的过程，不要太在意价格。而且既然是要淘汰的物品，就不要定价太高，也不要批评孩子乱定价。孩子们的交易进行得越顺利，就越能激起他们的兴趣。金钱不重要，让他们领会到关于交易的常识，懂得旧物品的再开发和物品置换的意义才重要。大家都很同意我的观点，加上本来就都是小区里的邻居，自然都不会太计较。这也是我们这个家长平台的好处之一——互相熟识，矛盾极少，配合默契。

活动结束之后，孩子们还意犹未尽。大家一致同意，以后要定期举办这样的“小小跳蚤市场”。

各位读者朋友也可以借鉴我们的经验，在自己的社区里组织类似的活动。“小小跳蚤市场”的好处是，针对性强，孩子乐于参与。而且小区内的孩子们互相熟悉，更容易开口锻炼，也不容易出现情绪（比如突然舍不得自己的玩具）等，玩着闹着就领会了商品、市场的含义。同时，还能帮助家长定期处理家里的废旧物品，让孩子得到更有新鲜感的玩具和书籍。

## 2、图书角

产生办“图书角”的想法，是因为我观察到每个孩子家里都有很多书。开始我也跟别的家长互相借阅过，但不爱串门的我，总觉得这种方法不太好，不能让孩子直接参与到选书的过程中。我开始想，怎么才能把每个孩子家里的书都发挥出最大价值呢？

后来我有了在图书馆借阅的经验，就想到，把小区内孩子们的书凑起来，足够办一个“小小图书馆”了。因为现在的孩子基本都是独生子女，家长很舍得在子女教育上花钱，买的书都是精装版的新书，图书馆一般没有这样的书。如果我们的小图书馆能顺利办起来，还能避免同一个小区的孩子人手一套同样的书的糟糕情况，能为家长节省一些买书的费用。尤其是给五六岁孩子看的绘本，一本书要几十元钱，但内容也就是一些色彩鲜艳的画面和几行字，孩子新鲜够了就丢到一边，没有收藏价值。如果图书馆建起来，这样的书让孩子借着看就行了，省钱省心。

机会来了，我老公的公司从写字楼搬回了社区，老公的总经理办公室不常去，他的书柜也很空，于是让员工整理了出来。小小一个书柜，称不起图书馆，所以就叫“图书角”好啦。我写了一份“怡心图书角借阅公约”，要求每个孩子参加图书角时都要先为图书角提供至少10本图书，然后就可以借阅了。每人每次可以借阅5本书。管理起来也很简单，每个孩子都有一个编号，他们提供的书会贴上标签，登记在册，借阅的书也会记录下来。比如，1号孩子提供的书贴的标签就是“1A《猫和老鼠》”“1B《熊出没》”……在册子上也会记录家长的电话。孩子借阅的时候直接写书上的号码就可以，因为他们有的还不会写字，就写“1A”“3C”，然后再写借阅的日期就可以。

我们的小小图书角不但更好地利用了每个孩子家里的图书资源，也帮家长省了银子，节约了时间，还培养了孩子的分享意识。刚开始的时候，让孩子们每人提供10本书那个艰难啊，虽然我已经承诺书终究是要还给他们的，当孩子们串门的时候看到别人在看自己提供的书时，还是会说：“啊，这本书是我的！”后来他们适应了图书角的运作，明白了自己的付出是有回报的之后，就变得乐于分享了。

图书角运行一段时间后，很多孩子主动提供了更多的书给图书角，最多的提供了200多本。在图书角运行五个多月之后，有了近600本图书。我时不时会带几个孩子去图书角做维护，把有破损的书修补一下，或者把新书分类。因为书多了，借阅的此书增加了，贴上的标签会掉；或者科普、动漫类图书混到了一起。我带着孩子分分拣拣，让他们体会到了图书馆的叔叔阿姨的不容易，以后借完书也会放回原地。

现在，图书角已经运行了半年了，也许会越来越大，要不断调整才

能管理好。我也由此总结了很多经验，这些经验也为我组织其他的活动，提供了更多的启发和灵感。

## 3、“熊出没”乐队

在上面的章节中我提到，为了激发王小妞对钢琴的兴趣，我找了个第二乐器作辅助，误打误撞就找到了非洲鼓这种好玩的乐器。非洲鼓入门快、简单，便于携带，节奏感强，还能舒缓情绪，释放压力。最重要的是，我们还因此碰到了一位好老师。

这个老师的教学理念我们都很认同，她开办的音乐坊是为了让孩子在艺术氛围的熏陶中爱上音乐，爱上学习。老师是中国最大的打击乐团的团长，演奏经验丰富，更难得的是熟知孩子的心理。她研发出适合儿童的音乐教材，把乐理知识变成了“森林探险日记”，让各种演奏手法都变成了大象、小鸟等动物，便于记忆，也方便小孩子理解学习。我们社区的家长去试听了老师的课之后，一下就有很多人给孩子报了名。

老师的音乐坊里有各式各样的乐器，就这样，在老师的带领下，我们的“熊出没乐队”就在你弹钢琴我配鼓，你敲马林巴我跳舞的各种合奏中成立了。老师每学期都会组织两期家庭音乐会，既展示了各种乐器，又让孩子们能在音乐的熏陶中玩耍，成了“学音乐很好玩”这句话最好的演绎。

我们乐队光小妞班上的小朋友就有4个。有了这样的锻炼，以后孩子就不会因为学校的“小钢琴家”太多，自己没有机会上台表演而沮丧了。同时，相对冷门的非洲鼓，更能带给同学们新鲜感哦。玩着学音乐，组建起即使在国外也得四年级之后才能组建的乐队，怎么能不让我们感到幸福呢？

## 4、冬日长跑队

一年级时，家长们经常收到老师的短信，说孩子们的体育成绩不够理想，缺乏锻炼。刚入学时是秋季，天气越来越冷，孩子们都不下楼，想玩的孩子也没有伴儿，怎么开展运动呢？

我在家长群里发起了号召，组织孩子们进行长跑，有很多家长积极响应。我们决定每天傍晚6:30在固定地点集合，每天锻炼30分钟，不用请假，避免压力。

我总结出一点经验，组织活动的首要原则就是自愿，不能让参加者有压力。“自愿，无压力”是我的每个活动的准则。当在微信群里通知大家参加活动的时候，一定不要针对某个人，即便关系好，也不要去特意宣传，否则也许朋友会因为去不了而尴尬。活动的形式要灵活，这样才能长久。

我查阅了很多长跑的注意事项，包括呼吸方式、跑步节奏等。为了激发孩子们的参与热情，我特地为此活动购买了荧光手环、手指灯、水上纸花灯，让夜晚变得更多彩些。我把手机充好电，准备好小音箱播放诗歌和英文儿歌，让跑步更有趣味。在荷花灯和荧光闪闪的开幕式后，长跑队就此成立了。我们每天围着小区跑约一千米，边跑边背诵乘法口诀，然后回来摇摆大跳绳、砍包或是玩别的游戏，遇上雾霾天就暂停活动。就这样，我们的长跑队运行了两个多月，直到寒假。

看过一篇文章，说在国内讨厌长跑的小孩，到了美国就不再讨厌了。为什么呢？因为国外的体育老师把长跑设计成很多环节，可以自由选择，每一圈到达的地点都是一个“国家”。你能到哪个模拟的城市，老师就会告诉你一些关于那个城市的趣闻、历史。他们还会把体育和生理知识或者科幻电影相结合，让孩子们的锻炼充满惊喜。这些也给了我新的启发，准备在今年冬天的时候把我们的长跑队再革新一下。

## 5、触摸自然团

本人很懒，始终承认。所以动脑的、坐在家里带孩子玩的事情我愿意承担，往外面跑，我就一万个不乐意，所以我不怎么一个人带孩子出去玩。但因为老公工作忙，所以王小妞的外出游玩时间比其他家庭的孩子少很多，我对此很愧疚。最主要的是，有时候费了半天劲，带孩子去一趟公园，去一趟山里，只有孩子自己孤独地玩，也不是很有劲，一会儿就要求回家了。堵车这么久，就为陪她玩这么会儿，浪费我的心血啊！

上网查看一些亲子游玩的经验分享，搜集好玩的攻略，并不能完全解决以上问题，主要是因为孩子没有熟悉的伙伴，在外面玩的时候就会很孤单。

国外很多幼儿园和学校特别重视让孩子们在大自然中嬉戏、玩耍，并从中学习的课程，而我们的学校已经很不错了，每月都会举办一次户外活动，但对孩子来说还是太少，不过瘾。

后来，群里一个妈妈的推荐引起了我的关注。这是一个叫“触摸自然”的儿童团，是一项每期都由家长送孩子到活动目的地，让孩子一边在大自然中和伙伴们玩耍，一边学习自然知识的教育活动。每次活动都有专门的老师来带队。例如，去门头沟挖石炭纪两亿九千万年前的蕨类化石，去公园用老师准备好的金属探测仪寻找“宝藏”，还有溜索爬树、候鸟观察、蜜蜂基地考察、植物标本、野外定位等自然课程。这些课程基本都是在公园、野外和郊区进行，是专业的老师们在踩点后选择的安全区域。活动中家长可以不跟随，带队的老师们会鼓励孩子自由组队，给孩子们穿上统一的马甲以防走失，也有其他安全措施。活动开始前，老师每次会给孩子讲游戏规则和安全事项。

这样的活动小学生都可以参加，分不同年龄组进行活动。针对不同年龄，也有不同的项目。后来发现类似的活动还有“优创游”、文博教育体验活动、晨曦亲子俱乐部等。

我和几位妈妈去参加了一次，很不错。一期8次活动。如果可以组成20人的团，就有车到我们小区学校门口接送。于是又是一呼即应，不但一天满员，还有8个孩子没能抢着名额，未能入团。这学期每周日，孩子们像春游一样兴高采烈，而我们20个妈妈则轮流跟团，配合照顾，解放了很多像我这样的懒妈妈和很忙走不开的妈妈。

孩子在大自然中，和伙伴们一起锻炼了身体，学习了知识，我也不用再苦恼来回接送。有时候爱玩的姥姥也会跟车看护，老人和小孩一起玩个尽兴再回家，真不错呢。

## 6、博物馆通识教育

带孩子去博物馆、海洋馆的时候，因为家长本身的知识量就有欠缺，所以不能面面俱到，更别说引发兴趣了。

王小妞的幼儿园曾经组织去海洋馆，七八十人围着一个导游，里三层外三层，像我这样没怎么抱过孩子的，也没力气抱起她，她看都看不见，别说听到导游的讲解了。北京的资源这么多，有各种博物馆、艺术馆，如果不好好利用，多可惜！

有想法就有机会，这是我从带孩子的三年多时间里得到的最宝贵的经验。

有一次跟“触摸自然团”去挖掘化石，听团里安排的老师给孩子们讲石头、恐龙等很多知识，和孩子们有问有答，气氛热烈。我听得特别入迷。

路上闲暇的时候，我随口跟老师提议，应该再带孩子们去一趟古生物博物馆。老师说，“触摸自然团”没有设计这个活动，不过既然孩子们这么喜欢，她可以单独为孩子们去讲解一次。

后来了解到，那位老师曾经是地理杂志的编辑，社会科学记者，还曾经是东南卫视的节目编导，很有学问。她走南闯北进行生态科考，走遍了中国的海岸线，现在则致力于儿童通识教育。她自己有独立工作室，不但和“触摸自然团”合作，还和海淀科普教育协会公益机构合作，自己还研发了特别棒的通识教育课程。她既可以在博物馆讲解，也熟谙孩子的心理，会给孩子讲关于自然的神话故事，是那种特别有“游戏教育”意识的老师。这和我的教育理念不谋而合。回家之后和她在微信上聊了一晚上，然后把挖到的资源在群里跟家长们一分享，家长们立刻要求要跟这个老师联系，为孩子们建立一个学习平台。

因为这个老师的工作室离我们很远，于是我和群里开庄园的家长、做咖啡的家长商议，能不能提供授课场地，适当收费。还有我老公的公司，都准备支援老师成为授课基地。老师准备把我们这里作为试验田，开展她的通识教育课程体系，而家长们也很感谢我又找来了这么好的平台。老师收取的费用非常低，去博物馆也是大家平摊讲解费，比去外面参加课程便宜很多倍。老师说很羡慕我们的社区，看到孩子们的图书角、音乐会、小小庄园（也是群里家长自发建立的绿色庄园，有让孩子认养的土地、可供采摘的农作物，也有鸡、鸭、鹅等动物可以饲喂；有可以让孩子们表演的平台，让家长休息的亭子，也有练习瑜伽的场地。生产出的有机农作物还可以卖给社区）、跳蚤市场，很羡慕我们的孩子如此幸福。这可不是花钱就能买到的幸福，这是在家门口和发小能一起学习和分享的幸福。

只要家长有心，生活中处处能够搭建让孩子快乐学习的平台。

## 7、儿童报

前面提到过，让王小妞写日记的效果不太好，但写作能力很重要，所以我一直在想办法。最近刚刚想到一个点子，准备在孩子们二三年级的时候，自费或和家长们合资筹办一个由孩子自己投稿、经筛选后小范围发行的季度内刊。

内刊只面向社区内二三年级的小朋友，所以内容不会太多，负责编辑的小朋友就能有时间认真审核，而且不会影响孩子们的功课。而且孩子们的水平差不多，选用的稿子不至于相差很大，也不会对内容过分挑剔。

我小时候被老师要求写过一年的新闻日记和一年的心情日记，效果都很不好。因为那只是为了应付老师，不得不写的。那种被逼迫的感

觉，让人很难说出真实的想法。在撰写本书的过程中，我也经常思考，觉得只有把经验、心得积累下来，怀着愿意分享的心情去写作，才能写出好作品。让孩子把写作文变成一种分享的方式，鼓励他们勤于思考，并善于用文字抒发出来，感动自己，影响别人。在完成作品、获得肯定之后，孩子的写作能力会有更大的进步。这样就形成了一个良性循环，孩子越写就越爱写，越爱写，写得也就越好。

初步设想的是，这个报刊的编辑组由孩子们自发成立，其他小朋友可以自由投稿。小编辑们筛选出不错的稿子后，由一两名家长把关——毕竟都是孩子们，有大人帮忙过目一下能避免一些误会。小小报刊在编辑完后，会印制好，发到孩子们的手中，让他们阅读、讨论。这样，孩子们还能互相评价、切磋一下写作能力，能切实地鼓励孩子们写作的热情。

这个想法虽然很好，但真正实践起来，需要协调的地方很多。例如，办小报纸的人员配置是怎样的？投稿是投到一个邮箱还是投到三个小编辑各自的邮箱？如果是三个邮箱一起征稿，会不会出现“不平等”现象，引发争议？需要把关的文章主要涉及哪些方面？会不会有家长对刊登的文章水准有异议，怕不好的语法影响孩子的学习？

报纸的排版和印制问题也还没到落实阶段，需要解决的细节还有很多，但有了以往的经验，我觉得并不是很困难。反正我算总结出来了，完全依靠自己创造的平台，尽量先免费，这样即便开始时有不足，大家都能原谅，给予机会让你继续。而且就算这个想法真的不幸夭折，也不用担太多责任。充分的决策权，能让你少一些顾虑，计划实施得更顺畅。

# 十 实用分享

## 1、游戏场所篇

很多郊游、商场翻斗乐或者博物馆等众所周知的地方我们都去过，但在群里聊天时，我发现5岁以下孩子的妈妈对这三个地方知道的并不多。后来我给她们介绍之后，她们带孩子去了回来都很感谢我，说环境好，孩子玩得也特别开心。

我想，为了不让孩子年龄还小的妈妈发愁找不到人少、空气好的休闲场所，就把我整理的小攻略拿出来分享吧。

第一个是职业体验城。这样的场所能让孩子更早地了解社会职业，包括航空、消防、警察、加油站、快递、生产线等。里面会教很多知识，比如牙医会普及护牙的医学常识，器材都是模拟医院的，特别逼真。修牙器具还能冒白雾，吱吱出声，我都觉得好玩！

职业体验城在北京主要有三处——蓝天城、宝贝当家、比如世界。看了很多攻略，又去蓝天城和宝贝当家玩过，简单总结一下：蓝天城项目最多，场地最大；比如世界位置居中；宝贝当家离西城区最近，相对便宜，但场地小。如果你家离东城区较近，还是去蓝天城开车方便，白天停车还不收费。选择蓝天城的好处是项目多、场地大、空气好。周二到周五人比较少，周一那里不营业。在蓝天城，小孩能玩的项目很多，相当灵活。比如一场讲解40分钟，会根据孩子的年龄安排，把不好懂的地方做删减。人少的时候能玩9~11个项目，而周末只能玩大约4个项目。

第二个要特别推荐的休闲场所，是动物园对面的天文馆。地铁直达，停车方便，而且人特别少，休息日也不怕拥挤。场地很大，空气流通特别好。里面的很多科技设施也让孩子流连忘返，很多动感电影，一场10多分钟，孩子小也不会看累。看两场电影，再看个球幕科技片，满“天”的星星让人非常震撼，对孩子了解太空真是太有帮助了。

第三个就是工体翻斗乐。那里大概有4层楼高，场地大，停车便利，设施齐全，冬暖夏凉，还配有儿童室可以开派对，假日都不拥挤，是让孩子们开心玩耍的好场所。

## 2、实用购物篇

淘宝资深购物小贴士——教你买到既实惠质量又好的衣服和玩具。

在和很多妈妈探讨了怎么买舒适的衣服和鞋子以后，结合自己这么多年的购物经验，我总结了些小贴士和大家分享，希望能让妈妈们在崎岖的网购路上少走些弯路。

（1）首先要在搜索的时候选好关键字。要躲避从便宜入手的误区，便宜东西质量差，如果按这个原则选择商品，退换率特别高。也不要只看卖家“钻”高，听说有不少“钻”来得并不光彩。一定要从销量入手！按照销量的高低来搜索，衣服要查20页左右，因为款式等差异可以多作比较；其他日用品、食品或玩具，类别不多的，查5页就够了，因为质量好、性价比高的商品早被很多资深买家推到前5页了，并且不受广告左右。从这样的店里买东西，因为销量大，即使出现问题，处理速度也会又快又好。

（2）想在网上买大件商品，或者价格在几十元以内的商品，价差很少的常见商品时，最好选本地卖家，因为退换方便，快递费便宜，速度快，也不限制重量。例如，饮料、食品、小型家具、工具、玩具等。

（3）经朋友介绍，或是在网上看到比较新奇的玩具或衣服，不要急于下单，而是先看看评价再选择。如果想找同款，可以选一下这个商品的主要形容词用来搜索。找那种性价比高、评价好、信誉好的店铺，然后再下手。复制、粘贴关键字的时候，注意换字多搜几遍，另外不要贴全句，因为卖家会添加修饰词。比如“韩版碎花泡泡袖公主裙”，你搜“碎花泡泡袖裙”就可以了。像我买的代购的发卡耳环和小礼帽，在大商场卖1000多元，网上的销量排行前5页里出现了同样的商品，标价340元。我经过搜索对比之后，110元就入手了。

（4）购买之前，可以在已经选定的商铺内，由价格从低到高的顺序搜搜其他商品，储备一些一年内可能用到的小物品。淘宝网上虽然便宜，但快递费多了也是一笔开支，买主要商品时顺带买点别的，尽量凑够包邮的钱。如果是买衣服和电子产品这类需要试用的商品，还可以勾选“退运保险”，这样即使出现需要退换的情况也能节省运费。另外，购买衣服时，多选几家店来挑，看看带图片的评论和“买家秀”。因为卖家的商品图片一般是经过修饰的，买家的图则会真实很多。看买家拍的照片更有助于感觉商品的实际效果和品质，省去很多纠结与快递费。

（5）最后要提醒怕麻烦的妈妈：买宝宝的衣服尽可能买大一号的，胸围要大一点，避免孩子喘不上气；裤子要买裆深一点的，不然如果挡不住孩子的肚脐，孩子容易受风生病；套头的衣服，要买脖子那里宽松

点的。选购鞋子，可以买大一号的，并多买点鞋垫，让孩子刚开始穿时垫两双鞋垫，柔软舒适；待孩子的脚长大了时，去掉鞋垫直接穿。这样除了能避免选购号码不合适的风险，还可以延长鞋子穿的时限。我用这个办法买的几百元的名牌鞋子，孩子能穿两年左右，比其他妈妈买的鞋子舒适，穿的时间还长。

# 第三部分

# 游戏教育理念

## 一 中西模式有优劣，是“玩”是“学”要辩证

从我开始喜欢带孩子到现在，我身边的孩子都在不停地报辅导班，三四岁的孩子学各种才艺，五六岁的孩子已经开始学奥数、英语。

而上一年级以后，孩子们几乎很少晚上出来活动了，开始了漫长的作业之旅。这样的童年和我老公想为小妞创造的西方那种“自由自在的童年”哪个更好呢？到底是中国式的父母彻底投入、专制强硬，怕孩子做出错误的决定，以“为孩子好”为前提百般束缚的方式好，还是以建立在孩子意愿为基础上的、西方自由平等式的教育好呢？每天我都在冥思苦想，做着思想斗争，不断地左右摇摆……终于有一天，我忽然茅塞顿开。

现在我家应该算是中产家庭，但我和老公小时候，一个曾经有过吃不饱的短暂经历，另一个是过着没有太多玩具和衣服的拮据童年。现在虽然我们衣食无忧，但在大背景下，还是对未来的生活没有十足的把

握。不过，我们对承担一个孩子的良好教育还是有信心的，也能保障她有较为富足的衣食住行的条件。在这样的前提下，从王小妞呱呱落地开始，老公就说过要给她一个多姿多彩的、快乐自由的童年，完全尊重她的意愿，能满足她的愿望就尽可能地满足。我们除了教她做一个好人，做一个有道德、讲诚信、绝不伤害别人的善良的人，其他方面任她发展，不强求她学到多少本事，一切顺其自然。

老公认为，西方自由的教育氛围更适合孩子的天性，让孩子在所谓的“纯玩”中自我发展学习的兴趣、学习的能力，这样对孩子开发情商、培养多方面的生活能力更有利。他要求我尽量以西方的“自由、民主、尊重”为前提，培养孩子自律创新，但不做任何干涉与太多要求。具体地说就是，除了学校必须学的课程，老公坚决不允许强迫孩子上一切她不想上的技能班，或者是奥数、英语班，除非她喜欢。

其实在孩子还小的时候，我就觉得老公的教育理念有点问题，但也不知道问题究竟在哪儿，直到孩子3岁，上全天幼儿园以后……

我和老公从相识到结婚，至今走过10个春秋了。一直以来，我的各种观点都是以尊重、服从他的意志为基础，虽然显得有点“唯命是从”，但我也确实没有什么自己的观点，又很崇拜他，所以也乐意顺从。可是这次在对孩子的教育理念上，我对他的观点提出了怀疑。

不过这些老公并不知情。他早已习惯了我的“言听计从”，我才不会傻到盲目地和他产生冲突，破坏我的家庭和睦呢！本来就没有做出什么成绩，更没有十足的“论据”去论证自己的观点，再加上和他辩驳从来都是以我输为结局，我决定不去以卵击石自讨没趣，只是自己偷偷地修正了方向。

人有了思想，才能走得更远；母亲有了坚定的信念，才能更执着从容地培养孩子。如果我犹犹豫豫，茫然无措地跟风，孩子也会跟着摇摆不定。久而久之，孩子就会出现不自信及挫败感，这对她的将来将是多么大的困扰！有时候我不知道让她完全快乐地玩，是否真能让她找到正确的人生方向；也或许让她完全扎进学习堆里，以放弃快乐的童年和学习的乐趣为代价，换来的未来会更好！多少父母夹在这两边摇摆不定！

父母的决定关乎孩子的未来。纠结了半年，我终于豁然开朗。其实所有的父母都会或多或少地为孩子规划未来，让自己的人生观和价值观影响到孩子，所以父母的意识很重要，关系到孩子将来的发展方向。

我总结了东西方教育各自的特点，得出的结论是：让孩子尽量自由成长固然好，但结合我国的国情，我不赞同完全对孩子放任自由。毕竟我们的孩子还很小，对很多事物没有正确的认识和分辨能力。所有的事情都是有利有弊的，他们还没有学会取舍；所有的决定都有好有坏，他们还不会选择。

比如，难道因为小妞的爸爸给她自由让她自主，她就能想不去幼儿园就不去吗？孩子天天开心地玩，不能有效地学习怎么办？西方的“纯玩”其实配合了很多方面的引导，也不是一味让孩子“傻玩”。尤其是我国的竞争环境这么激烈，等孩了有了竞争意识，身边的伙伴都比他（她）有能力、有学识，孩子因此变得自卑了怎么办？更不用说她长大之后就要进入更加严酷的环境，要面临更多竞争了。

于是我重新为小妞的教育方向做了定位。我不想做多么优秀的妈妈，我只想做个不后悔的妈妈！

任何的自由都有前提，任何的民主都有范围，任何的宽松都需要底线。世上本没有绝对，快乐也没有绝对！反之，如果强迫孩子坚持学不喜欢的东西，让她接受填鸭式教育而丢掉爱学习的本性，甚至产生厌恶学习的心理，这样即便孩子长大后有所成就，也很难有真正的快乐吧？

记得看电视节目《非诚勿扰》时，有个男嘉宾从小喜欢画画，一路画到了清华，投入热爱的动漫事业中，他的父母多么开心，他的童年又多么快乐；乐于写作的韩寒看了很多书，出于自愿，写出很多赏心悦目又能让人产生共鸣的文章；那些科学家的科研项目也不是父母强迫做的，而是他们自己好奇心的结果。这些人都从事自己热爱的行业，父母

也能很欣慰地放手，这是多么美好的一幕！

所以我决定创造出很多让王小妞乐于选择的选项，尝试更多地引发她的兴趣，给她相对自由快乐的范围，避免强制暴力，引导孩子爱上学习！我要努力激发小妞的兴趣，去唤醒而不是强制地把知识和技能灌输给她。“乐学”“会学”是教育界近年来一直提倡的，只是“放养”“慢养”的方式并不一定适合中国的国情。我不奢望孩子将来有怎样的成就，只希望能启发孩子找到她的兴趣所在，在她偶尔遇到瓶颈时助她一臂之力，帮她跨过难关。

于是，对小妞的教育理念从“自由发展”变成了让孩子“自由选择”。我要引导她去学习，并且是让她在兴趣的驱动下，不断地主动学习。

有了这些想法，我开始付诸行动。

每个家长有每个家长的希望与要求，大家肯定不一样。有的家长力求完美，可能会花费更多心思引导孩子；也有的家长希望孩子今后能做“人上人”，所以对孩子要求很高；当然，也许有的家长只是希望孩子能走出山村，所以尽己所能……而我希望我的孩子才艺兼备，会就行，不必精！“知之者不如好知者，好知者不如乐知者。”学习好不好另当别论，但我首先希望小妞能热爱学习；我希望小妞能更快地掌握社交的知识，提高情商；我希望她学会照顾自己、保护自己的技能；我希望她的童年是快乐的、好学的，不会被生硬的填鸭式教育毁掉乐学的心……

我买了各式各样的玩具，每个玩具都“藏着”我的目的。我买了贴画，设计出背景，做好规划，让小妞讲出故事，练习沟通能力；我买了娃娃，但不是完全用它和小妞过家家，而是让小妞在地图上玩，学习地理知识，学习大自然的规律；我买了手机，下载了各种益智游戏，有帮助锻炼推理能力的迷宫、谜语、华容道，有让孩子懂得物理知识的电学、反射、平衡游戏，还有用于练习肺活量的“声音推动飞机”和“吹气球”等游戏，更下载了无数有声书，利用零散时间，让孩子在不知不觉中领略文学之美；我买了积木，让孩子在平板上搭建房屋，然后故意模仿地震，让她在倒塌的“房子”里学会结构的关系与作用，并模拟逃生；我买了称，让她了解体积和重量不一定成正比；我带她看演出，让她喜欢音乐和舞蹈；我编排同时开发左右大脑的户外游戏，带她锻炼；我带她去天文馆并买了激光笔，为她讲星座的故事，让她爱上星空的同时，懂得“给予比获得更让人快乐”的道理；我试图学习“儿童语言”，蹲下来给她讲所有我想传授她的知识，并随时上网查询确认，尽可能准确地保护她所有的好奇心……

我把生活设计得方方面面都是学习的“陷阱”，我鼓励小妞尽情地玩，但也不用担心她成长太慢。看着孩子咯咯地乐，我想，这样的教育无论何时我也不会后悔，我既给她了快乐的童年，也在对她的未来负责。我不希望到我们晚年时，看着孩子碌碌无为，无法照顾自己；也不希望她为了未来，天天在不喜欢的课外辅导班里挣扎。

我后来明白，那么多家长会选择让孩子上辅导班，不是无视孩子的负担，而是因为越来越多的辅导班开始注重“乐学”的教育方式。很多辅导班确实弥补了传统教学“填鸭式”的缺陷，更加注重个性化地为孩子设计专属于他们自己的有趣课程。我甚至观察到，有些家长懒得教孩子，让孩子在家里找不到娱乐点，也没有朋友，这种情况下孩子反而会喜欢上辅导班。真正好的教育场所和学习机构是让孩子能轻松舒适学到知识的地方，不但不是孩子们的负担，还会减轻他们的压力。所以好的教学方法和引导至关重要。我想说的不是我做了多少，而且我们该为孩子快乐的学习和选择辅导班做更多的准备，更多引导，而不是交钱上课就算完成了为人父母的责任!

引导孩子的好奇，开发他们的热情，找到优秀的师资，然后投资为他们报其想学的课程，再顺着孩子的个性发展，让孩子在我们各种精心安排的学习“陷阱”里做自由的选择。这样孩子不痛苦，家长也不后悔。

现在王小妞已经开始上了几个辅导班，老公本来排斥，但基于孩子的强烈愿望，他也不再做阻挠，让我很快慰。王小妞还让我多给她报几个班，但我拒绝了她，希望尽量做到循序渐进，不揠苗助长。

我不苛求我的孩子成为多么优秀的人，任何的优秀都要付出昂贵的代价，那些留在她长大了以后，按自己的意志发展吧。我只想让她成为一个快乐的求知者。我想，世上本没有绝对，我们要尽力去做到平衡！给孩子的爱，应该是孩子喜欢的爱；给孩子的教育，应该是孩子需要的教育。不能完全迷信专家，专家说的道理再对，孩子对此不感冒也没用！没有绝对正确的教育，最好的教育就是保护好孩子的求知欲，让孩子能乐于接受，领略学习的方法，而调整的钥匙，就在家长手中。

## 二 学龄涉及关系网，各方借力促成长

家里有好几个小学教育者的朋友提醒我，在孩子进入幼儿园后，让孩子和小朋友们建立好关系很重要，而家长和老师的沟通也很重要，妈妈们之间的交往同样重要。妈妈们之间关系好，互相帮忙，能方便很多。

这些我当然知道，可活到这个岁数，自己早已有了固定的社交模式，而且我跟小区的很多妈妈素不相识，让我去接触不同性格的人，真的有点不情愿。而且，也曾有过因为我掌握不好距离，而让彼此不知所措的时候。尤其涉及孩子利益时，跟相关人士的接触，感觉深了不是，浅了也不是。我曾经喜欢独来独往，但后来发现，这样对孩子的成长真的不利。

## 1、建立幼儿园妈妈圈

和妈妈们的交往其实还是有些难度的。毕竟都是女人，家长里短的，心思细腻，接触不好，兴许会适得其反。但从过来人的讲述和我自己的经验中，建立妈妈圈还是很必要的。如果你希望你的孩子能拥有更多好的资源，或者能有跟小伙伴一起玩耍的活动平台时，一定要和妈妈们搞好感情。

第一，因为同龄孩子的妈妈会从不同渠道获得很多信息，如果她们肯给你分享，你将获得很多便利。即便你再刻苦地自学，也比不上好多人通过各种渠道提供的信息快捷。第二，如果学校里出现问题的时候，这样的优势就更为明显。比如，“班内生水痘的孩子提前返校”这个消息，就因最早得知此事的妈妈及时传递给大家，家长们集体抗议，事情才得以圆满解决了；碰到孩子闹肚子等情况，也可以及时和其他妈妈沟通，看是否因为幼儿园的卫生问题引起。妈妈们经常联系，可以从不同视角更清楚地了解你想了解的情况。例如，孩子在幼儿园的生活，或者孩子们对某个教育机构的感受。如果不去打听这些情况，只在家里看自己的孩子，很容易被蒙蔽。有关系比较好的家长还会在接送孩子时，互相交流孩子的情况，及时获得反馈。

因为我从小在男生群中长大，性格比较豪爽简单，对女人之间的相处之道不太了解，有点畏惧。在王小妞3岁时，我第一次接触到“妈妈帮”，就惹过一个极其尴尬的笑话，最后赔钱了事。

那时，一个初次接触、非常热情的南方妈妈到我家探访。聊天后，因为她看到我的脚小，就极力推荐她有几双因为脚胀穿不下的鞋子，让我一定要去她家试试。

禁不住她三番五次地邀请，而且考虑到如果再三拒绝这样的好意会显得有点“清高”，我为了维护好关系，所以就跟着她去了她家。在她的强烈要求下，我收下了一双新的号码买小的鞋，以及两双她再三形容我“穿着太合适了”的旧鞋。（至于为什么旧鞋还要收下？不好意思拒绝呗！）

我拿回家后，因为鞋子的款式并不适合自己，而且是旧的，直接就丢了一双；另一双九成新的，我准备和孩子的玩具一起捐给社区。还有一双新的，拿回来试都没再试，因为不是自己喜欢的款式，我随手就放到鞋架了。总之，这件事我也没多想。

后来，这个妈妈总是找我，一副欲言又止的样子。在一个多月后的短信交流中，我才知道她的意思是让我把她那几双鞋买下来，而不是送我的。

我当时那个尴尬啊！南北差异、性格差异以及表达方式的不同，让我们互相误会，真的很难受。不过，要是换作其他心思细腻的妈妈，肯定能捕捉到什么，很快领会对方的意思吧。但我居然一点都没意识到自己的不妥之处！

我赶紧按照那几双鞋子的几倍价格做了赔偿。当时回到家来，心里五味杂陈，还挨了老公一顿批评，说：“你瞧你得有多笨啊！让你跟妈妈们相处一下，你都能惹出这种事来。”

不过事情的最终结局是，一年以后，这位妈妈又把钱还给我了。这笔糊涂账也就不了了之。

这事之后，我和妈妈们的接触更小心翼翼了。后来和妈妈们的相处变得好一些，并不是在一起聊天聊出来的，而是因为我总带她们的孩子一起在楼下玩，在孩子们心里树立了威信，于是也拉近了和她们的距离。她们那时候是否喜欢我，我到现在也搞不清楚，反正我经常一个人带一群孩子，而其他妈妈们则放心地围成一个圈子聊天。

那时，我和孩子相处比在“妈妈圈”感觉轻松很多。对孩子们我能想办法控制，但妈妈们那边，我确实就像初恋的小伙子一样，摸不清该

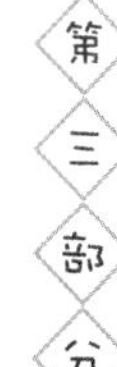

说什么能让姑娘们高兴，所以不知所措。妈妈们因为孩子们对我的喜爱，渐渐地也会跟我分享一些经验什么的，我也挺知足的。

再后来，我和妈妈们的关系越来越好。因为我看的书多，也经常在网上逛逛育儿论坛，可分享的知识和信息变多了；再加上建立家长群以后，我不仅跟大家分享很多好的教育方法，好的亲子游戏以及好资源，还会直接出面组织各种活动，实打实地做了很多对孩子们有益的事。日久见人心，即便我不是那种在妈妈圈里特别会说话的、招人喜欢的妈妈，但为了孩子们的成长这个共同目标，只要你真心为孩子的教育想出好办法，做出好事，对大家的孩子有益，大家就会接纳你。

另外，有个方法对孩子好，也能增加和妈妈们接触的机会。

现在很流行举行生日派对，我以前没管过孩子，在带孩子的第二年被邀请到派对上才知道的。派对真的让孩子觉得特别美好，所以那次回家后，王小妞就请求我为她办一个生日派对，我也没多想就答应了。到了派对的前几天，我才开始考虑，有点傻了眼。

首先，要是我订了场地却没人来怎么办？等大家接受了邀请以后，场地被订完了咋办？怎么设置游戏环节才更保险？

那时我和家长们也不太熟悉，没好意思问其他妈妈，于是自己到网上查阅了相关资料，现学现卖。现在，我就把了解到的信息给大家也做个分享吧。

在国外，小朋友几乎每年都举行生日派对，他们都超喜欢开派对。因为家长掏钱布置场地，他们可以得到所有人的礼物，还会有小伙伴陪玩。那种做主人翁的感觉，以及孩子们一起很神圣地许愿，都让孩子们开心不已。其主要程序是先准备小邀请卡，让孩子写好给自己的伙伴。在邀请卡上注明开派对的原因，场地的详细地址，以及如果接受邀请，要在什么日期以前回复，回复中要说明是独自来参加，还是带着家长或同伴来参加。

确定好参加派对的人员后，主办人就可以去场地交订金，开始筹备派对了。

我当时为王小妞举办了一个公主风的主题派对。办的时候搜寻派对物品，看到了很多动画图案的杯子、纸巾、面具、吹龙、玩具、礼花签到台、气球等系列物品，购置了全套迪士尼图案的装饰，并给每个孩子准备了魔豆和长草的小娃娃礼物。魔豆上刻着各种祝福语，王小妞按自己对小朋友们的了解，把不同形状的礼物和魔豆放入不同的礼品袋，并标注了姓名。最后，我还买了两个芭比娃娃立体蛋糕。那可是当天的亮点，吃完的蛋糕后剩下的“娃娃”可以当作我送孩子的礼物，很有创意。

王小妞和我一起做了很多准备和布置，我们还编排了猜谜语、击鼓传花的游戏和“幸运大抽奖”环节，让派对尽可能惊喜不断。

那天的派对是在工体翻斗乐举行的，场地很大，而且外面是巨型游戏设施，给到场的9个孩子提供了足够的玩耍空间。派对非常成功，孩子们玩得特别开心。

像这样的活动也能促进妈妈们之间的交往，以后其他小朋友的生日派对也经常邀请我们了。

## 2、建立小学新生妈妈圈

孩子入学后，互相之间都很陌生。王小妞的班级里，与她同一个幼儿园的孩子只有两个，新同学的妈妈们也互不认识，怎么办？

这次我有了很多经验。刚开学，通过跟上届妈妈取经，知道要在学校接孩子的门口，把打印好的微信号码和手机号码发给路旁的家长。没三天，我们班的微信群就成立了。妈妈们大多互相不认识，又第一次当学龄儿童家长，很多事情都想交流，苦于没有渠道，都很感谢我建立了这个平台。这个时候，妈妈们还没“分帮结派”，大家素不相识，又很期望接触，所以这是建立家长群的最好时机。群里的妈妈很积极，也会很配合，而且风气比较好，这样就初步把学校家长的圈子打开了。

借此群，我组织了两次新生外出游玩活动，一次圣诞晚会，另一次万圣节化妆舞会，还参加了一次其他妈妈组织的野外扎营，部分家长没两个月就熟识了。

再后来，家长提议给班里装净化器，我也是忙前忙后，找机器、收钱、联系一位律师妈妈写了合约，让我们成为一年级第一个安装净化器的班级。我们的孩子在全校最先用上了净化器，最快摆脱了室内雾霾，老师也很高兴。为了表示对老师的尊重，组建好这个群后，我也告知了老师。

有了这些实实在在的付出作基础，后面我和其他家长的关系就很不错了。有很多活动，还带动了一年级其他班级的同学参加，这无形中就帮其他班级家长圈的联系打开了局面（因为幼儿园一个班的孩子都分散在不同的班级里，他们回家一宣传，就有更多人知道了）。就这样，比较热心、活跃的家长们就渐渐凑到了一起，成立了我们的一、二年级“芳草校外群”。而这些群，现在是我组织活动和收集信息的重要平台，对孩子的成长实在太重要了。甚至有相处得很好的妈妈，知道了我老公公司经营的项目，还促成了几笔生意呢。

## 3、让孩子喜欢老师

我小时候在幼儿园学画国，不知道被掐青大腿多少回；上学爱说话，不知道被点名批评多少次。除了高中时期，我几乎没见过老师的笑容。加上自己淘气，留下了很多“请家长”、挨揍等痛苦的回忆。直到现在成为孩子的家长，我见到老师不能说害怕，但也不爱接触他们。而且，即便有些小事儿也拿捏不好该不该跟老师说，怕老师嫌烦后让孩子受委屈。加上我们的幼儿园总体水平不错，没什么太过的问题，所以几乎没怎么找过老师。

开始带孩子时，只有去参加家长会时，我才会和老师简单聊两句。王小妞上了两年幼儿园，我几乎没再和老师多说过一句话，想了解的东西幼儿园的本子上都有，家长会上老师也能汇报孩子的学习和表现，加上我用游戏的办法也套取了很多信息，不是非要通过老师才知道。我们的幼儿园不让收礼物，所以即便教师节也只能送巧克力和卡片表达一下对老师的谢意。其实我挺讨厌繁文缛节的，但孩子们送小礼物是真心的情感传递，而不是受利益驱使，所以我也很支持。

但现在，我和老师的关系特别好。和老师搞好关系，就跟在妈妈圈和大家搞好关系一样，非常重要。开始我也没意识到这个问题，等我后来享受到“成果”的时候，再回顾以往和老师的相处状态，就觉得以前和老师的关系不温不火，其实是给孩子的成长带来了一些遗憾的。

能有这样的体会是因为两个触发点，一是遇到了会教育的老师，二是真正爱老师的王小妞。

王小妞上幼儿园大班的时候，在我和她玩套取秘密的类比游戏时，她还是和以往一样，平淡地叙述着和老师的关系，总是简单的几个字，“挺好的”“挺喜欢的”“偶尔我们不听话和不睡午觉时老师有点凶”等，我也没觉得有什么。不过在她换了班主任之后，开始对老师的评价是“挺喜欢，大家都喜欢”。在我追问了“到底喜欢什么”后，她说新老师特别温柔，而且幽默。老师还让她们帮忙编辫子，她们也敢和老师开玩笑了。听描述，这是个很有童心的老师，但我依然没觉得和以往有什么太大区别。我打听的目的，无非也和其他妈妈一样，想听孩子说说在幼儿园的生活。

后来小妞的举动出现了变化。那段时间，她忽然要求每天要第一个到校！要知道她以前上幼儿园总是拖拖拉拉，是个著名的“迟到大王”啊！我们先是窃喜于孩子的转变，以为她突然开始懂事了。但大冬天的，有时候幼儿园还没开门，我们第一个到校就要在外面一直等，太受

罪了。可是当我们要求小妞适当调整到校时间时，小妞“拼死”嚎哭反抗，不第一个到校就拒绝去上幼儿园。

有一次下雪，幼儿园久久不开门，我让小妞先回家（幼儿园就在小区，来回不过15分钟），她冻得在门口做操也不肯回家。如果赶上她值日，更是要早去晚归，半宿都睡不好。那个月，我们想尽办法才问出来，她做这一切是为了吸引老师的注意。她说：“大家都喜欢老师，可这么好玩的老师陪我的时间太少了，我早些去就可以迎接老师上班，还能多和老师玩一会儿……”这是怎么个情况啊！我彻底晕了。我们甚至用这么多年她都没戒断的奶粉来威胁她，可她还是不肯妥协。

无奈中，我不得不向老师求助。我那时还是不太习惯当面和老师说话，好在春游时公布了老师的电话，我就在微信里把这些情况跟老师说了，让她帮忙做点工作。老师听说后感动不已，在这之后，对王小妞更加疼爱照顾，可想而知，王小妞也更爱老师了。漂亮的马尾韩式发型，以前一个月能让老师给梳上一次，现在一周数次，弄得其他家长都快有意见了。我只好说，这是因为小妞作业做得好得到的奖励。

王小妞在幼儿园的进步越来越大，各种表现的机会也增多了；为了让老师欣赏，她努力做手工创意，作品被频繁展示，她的信心越发高涨。这样的良性循环让她在幼儿园大班的一年里如浴春风，放寒假的时候都惦记着上学。

老师经常主动跟我用微信联系。因为孩子老用我的微信号，时不时地语音问候老师，嘘寒问暖。老师也会给她回复，顺便跟我说很多幼儿园的情况，我们的联系都快像好友一样密切了。后来，老师发现王小妞的英语有问题，于是火速向我“通报”，我及时地做了相应的补救。老师还帮我联系外教，教我更实用的教英语的方法，让小妞在两个月后就听懂了外教的课堂教学。

我感谢老师的时候，老师说：“让孩子好是你的心愿，也是我的愿望。这样好的孩子，我都快舍不得她毕业了。”

小妞经常在周末给老师做些礼物，什么立体贺卡，什么花瓣黏贴的纸玫瑰，一做就是11朵，用了三个多小时，因为她曾听我说过，11朵玫瑰的花语是“一心一意”。中秋节的时候，王小妞卧病在家，姥姥教她包了几个饺子，然后她下午四点多就要求煮出来。当时馅里还没放盐，就是让她包着玩的，但出锅后她坚持让姥姥盛到饭盒里，要马上给老师送过去。我们都晕了——没放盐，怎么吃啊？我说：“还是装姥爷包的饺子，给老师送去吧。”但她坚决不同意，必须是她自己亲手包的小饺子，还要亲自送过去。

在惊天动地哭声中，第二波她自己包的、带盐的饺子终于被她装入饭盒。可那时已经过了放学时间，我们俩玩命地奔跑着送到了幼儿园，可还是没赶上，老师已经下班了。园长和其他老师知道后，感动地代收了，说是第二天一定让老师们在食堂热着吃。直到现在，小妞还时常回幼儿园去看望老师。

我常常反思，在这么正面、积极的能量中我做了些什么？这样和谐的师生关系，不正是我们这些父母所希望的吗？我曾经因为害怕老师，不会处理和老师之间的关系，所以总是消极对待，无所作为，没有积极地为创造孩子和老师之间的和谐关系作出努力。好在小妞因为对老师的信任和爱，收获了老师对她的关爱和照顾。

老师在微信和王小妞聊天时，会要求她用英语，还时不时让她给弹首歌听。小妞每次收到老师的命令，就像打了鸡血的小怪物一样，“疯狂”地满足老师的一切要求。这哪是老师啊，真成第二监护人了！我很感谢这个老师，她给予了孩子这么美好的回忆，让孩子带着温暖去认识社会，这会对孩子的人生起到多么积极的意义啊！

这些经历让我觉得，今后即便王小妞没有这么喜欢一个老师，我也会尽可能地引导她去喜欢老师（除了个别的不配为人师表的老师），我会更积极努力地处理好和老师的关系，形成良性循环，让孩子健康成长，拥有充满爱和快乐的童年。

后来王小妞上一年级了。初次上学的孩子少不了被老师批评，不过我每次都会告诉她，老师为了全班的进步需要对每个小朋友严厉，这说明老师是很喜欢你的。这样，即便她被批评了几次，也丝毫没有因此就不喜欢老师，现在还是会在课间和老师聊天，没事给老师写个字，或者做个礼品送给老师。

我常常想，如何与人交往，我们应该好好向孩子们学习，他们才是真的用心去和别人交朋友。我们经常嘲笑社会的冷漠，可是我们又为别人做了些什么？我们算计着收益，生怕产出失衡，即便是很喜欢的人和多少年的朋友，也都懒得付出太多，美其名曰“保护自己不受伤害”，而孩子们喜欢一个人时总是不管不顾地大胆付出，不怕受伤，也不会担心什么损失。

孩子有时就像一面镜子，提示着我们的不足。有一次画画的时候，小妞让我尝试用一支类似油漆墙刷的小号刷笔画画，她说了几次我都没用，因为我觉得那个笔肯定不如尖尖的毛笔好上色。画到最后，她的刷笔上还有很多颜色，为了不浪费，我只好接过她的小号刷笔，把剩余的颜料涂在我的画上。这时我才发现，那支笔居然无比顺畅，软硬适中，还不容易出边。我积极地承认了错误，还告诉小妞，有时候成年人和老人会坚持自己以为是真理的事情，而且拒绝尝试和改变，这也是为什么成年人不如孩子进步快的原因。我让她今后多多指出我的不足，我们一起变成更棒的人。我告诉小妞：“美国除了军事强，在短短两百多年里迅速繁荣富强，战胜了那么多文明古国，就是因为移民把世界各地最好的思想带了去，并且把最顽固的恶习丢弃了。他们在不断的尝试中，创造了现在的诸多奇迹，这些也是我们该学习的地方。”

其实这些道理是从孩子的身上体会到的，虽然我对着小妞说，她似懂非懂地对我点点头，但其实，我更想多重复几遍，提醒自己牢牢记住这些话。

# 三　父母分歧不是事儿，交流沟通有艺术

家长在孩子面前要保持一致，才对教育有利。可如果家长之间有分歧呢？

我们总是说父母在教育孩子的时候应该步调一致，不然孩子会不知道该听哪一方的，而且会“钻空子”。

在我家这样的事情特别多。前面提到，我们家一向都是我老公做主，我基本是遵从他的观点。我和他的性格特别像《来自星星的你》里面的千颂伊和都教授。我有点傻傻的，大大咧咧，天天开开心心；他做事则比较严谨，不善言辞，很理智、有条理，超级负责，想事情长远而周全，所以我很乐意听他的！

但是在孩子的教育方面，我对他灌输给我的理论觉得不对劲，但又说不过他。加上我自己的性格不爱辩驳，他又有点大男子主义，干脆我自己偷偷来实践我自己的教育理念。

报兴趣班的时候，老公规定按孩子兴趣报，喜欢就报，不喜欢随时

可以不上，不管费用交了多少！因为他说兴趣班就是为了兴趣，不是必须完成的。开始学跳舞的时候，课外班在家门口，王小妞穿戴整齐准备出发时，老公倍感关怀地问孩子："你想不想去啊？不想就不去了！"孩子那会儿刚开始练基本功，叫苦连天，正求之不得，于是她的"跳舞生涯"就在这种怂恿下夭折了。后来孩子学钢琴，我有了经验，我知道如果让孩子在家练习的话，老公肯定是"绊脚石"，搞不好还会对孩子产生负面影响。于是对钢琴的练习我都报在幼儿园了，老公不带孩子，根本不知道。我觉得艺术能让孩子灵动，而且我感觉孩子也挺喜欢的，虽然谈不上热爱，但也没到讨厌的程度，不该遇到一点点困难就直接放弃。我实在不想苟同老公的"快乐自主的童年"这个观念，也不想和他产生正面冲突。幼儿园的陪练课都是老师送到钢琴室进行的，所以我根本没有给他蛊惑孩子不坚持的机会！就这样，小妞在幼儿园练了一年的钢琴。

等后来孩子会弹些小曲儿了，就开始在家练习了。我用了各种烛光晚宴、动画配乐，一次次逗孩子弹着"玩"。老公见孩子弹得挺高兴，也就不再做声了。他哪里知道，其实孩子学琴到了半年的时候，遇到难点，也烦过好一阵，是我和幼儿园老师联手，组织了一个小演出才突破那段困难期的。孩子做一件事，中间总会有这样那样的困难，如果像他那样全按孩子心情来，连克服一下的勇气都没有，直接就让孩子放弃，那孩子以后就算真对哪件事有兴趣了，她能有毅力坚持下去吗？

我觉得任何事情，即便孩子再感兴趣都会遇到这样那样的困难，如果家长任由孩子抱着一种随便玩玩的心态，不下工夫去好好磨炼，孩子没有那种"经过一番努力最终得到认可"的成就感，最终一样会失去对这件事情的兴趣。因为没有突破就没有新鲜感。

现在王小妞已经挺高兴地学了3年钢琴了，按我的预计，她再坚持2年肯定也问题不大，只要不是特别反感，就能坚持下来。学了总是会有收获的，对人生的修养也是有益处的。不付出努力，就没有足够的体会，也就很难下评语说孩子到底喜不喜欢，感不感兴趣。再说很多事情，都是越做越迷恋的，不是吗？

我经常听学过钢琴的人说："我学了几年，现在也没用上呢。"我也跟孩子一起学琴3年，虽然弹得不好，但对音乐的节奏感越来越强，现在越来越喜欢音乐。以前看视频学了半年都没学会的杯子舞（就是一段很红的、瑞士的600个学生拿杯子打节拍，有14个配合节奏的动作，要保持大家一致，需要动作和节奏的协调能力），经过这3年的学习，我有一天再拿出视频，看了3遍就会了，而且能跟上音乐了。这些不都是学琴的好处吗？也许我们没有机会上台演出，但是对音乐的领悟能力提高了，能让你学会想玩的东西，这是多么快乐的感受啊！我想，学了那么久钢琴的人，其实也有无数因为学琴的受益，只是他们不够敏锐，没有发现而已。

以上都是我的小心思，我老公可不这样想。我和老公的组合就像是中西教育矛盾的代表。老公像足了西方人的思维，无论你成效如何，他照样会提出质疑；而我就像一个安分守己的东方人，在不断自我鞭策、自我奋斗后依然迷茫。我还是有很多问题没有找到答案。

老公说："你看，你已经算是一个很好的启蒙老师了，在你的帮助下，孩子就算没有的潜能也几乎被你挖掘出来了，被你诱导出不少兴趣，也有很多坚持了很长时间。我觉得作为一个培养特长生的老师，你很成功，既没有压迫，还能让孩子被你牵着走。但在我看来，有你这样的引导，她依然没有极其喜欢的一项技能，没有发自内心地能自己去坚持的一种爱好。而这些被你引导、推动的兴趣，我认为不是她的天赋所在，她放下它们只是迟早的事。可是每当她有点要放弃的苗头，你总能用新的诱惑——不管是精神上的美好前景，还是物质上的支持或外界的助力，让她坚持下去。我总觉得你是在孩子没有极其反感的前提下，想尽办法试试她会不会爱上这些东西。可天赋应该是孩子发自内心喜欢、擅长的东西，如果这样激发都没有出来，以后就更难了。孩子的时间有限，我觉得你可以试着停止诱导，放手一段时间，让她去尝试些其他的，给她提供更多选择的机会，这样发现孩子兴趣的概率更大。毕竟我们报班的初衷是找到她的兴趣，而不是培养一个技能。我没有阻止你，是因为现在孩子还算比较快乐。如果就培养毅力或者责任感而言，你的做法也不错，反正都有好的方面。既然现在是你主要负责带孩子，我就尊重你的意愿，我只是希望你能考虑我的建议。”

老公的话总是会让我思考很久。我带孩子这么久，报的兴趣班不少，十多个绝对是有了。每种课基本上几节以后，王小妞就会说“不上了”“今天累了”“明天想学别的了”，哪有能发自内心的坚持呢？依我看，不但我的孩子是这样，大多孩子也都是这样吧，我暂时还没遇到一个发自内心地喜欢并坚持着学某项技艺的孩子。也许是孩子年龄尚小，以至我都怀疑并不是每个孩子都有先天的爱好。我确实有为了坚持而坚持，才发明了无数游戏诱导的嫌疑，效果还当真不错。但这样的做法，也许真的更适合培养一个拥有技能的孩子，虽然适当地削弱了童年的痛苦，但肯定没有找到孩子的志趣更为理想。我承认自己或多或少，在付出那么多的时候，还是期待一些结果的，尤其是尝试那么久依然没找到方向的时候。我要不要试着顺其自然地放下，让孩子有时间尝试更多新的内容？可她似乎还挺喜欢也不反感现在的情况，还要不要再等等？

我转问老公：“你的意思是找个新的，顶个旧的？比如孩子还想学古筝，但时间和钢琴冲突，那就先放下钢琴？那会不会像寓言里的狗熊掰棒子，最后孩子什么都学会一点，没有一个专长呢？”

老公说：“既然我们的初心不是为了培养一个专家，那最后没有专长又怎么样呢？这又不是学业，没有完成会影响孩子的生存。放下一段不代表不能拾起来，往往后面重新发现的喜欢更能持久。我们原本不就是想让孩子找到能热爱的兴趣吗？怎么你带着带着，就被其他人影响了，非要跟风地要孩子学一个特长呢？学了肯定比没学好，坚持肯定比不坚持好，但没学到底有什么不好？如果不是喜欢，作为兴趣，掌握多少算好？没有特长就对今后一定有什么影响吗？有几个特长生最后从事那个专业的职业？如果不靠专业生存，没有又能怎样？毕竟是为了让孩子快乐，不是让孩子学习生存技能，为什么你要如此较劲呢？用你这样的坚持，和她那么宝贵的童年，换取一个不是她真心喜欢的特长，值不值？你为什么不愿意仔细想想呢？我不是反对你坚持，只是觉得你没有必要非让孩子跟上进度。哪怕她进度比别人慢，那也是你的要求，不是孩子发自内心的进度。我也不反对你报班，只是反对你报了就想方设法让孩子尽量坚持。这一坚持，也许让孩子少了很多其他的可能，是不是？”

我接着问道：“那能不能等她真学烦了再放弃啊？既然她不烦，我总觉得万一她以后真的喜欢上了呢？”

老公说：“你看！我们本来是给孩子找兴趣，你现在变成找‘厌恶’了。本来人家没特别喜欢但也没讨厌，或者说还是要体验一些别的事情，比较之后才知道最终的选择，结果你非要让她上这个兴趣班到痛苦为止，彻底反感了才能停下来。你这又是何苦呢？本来孩子可能可以有几十件事不讨厌，你非要努力从里面找出特别讨厌的，把时间都用在这里，结果十年选出十个讨厌的，却没找到最喜欢的，就因为你不甘心放弃，要去搏那个很低的概率。如果方向错了，很多付出是白费力气的，可能实现了其他目的，但与最初的想法越来越远。”

唉！教育就是这样充满矛盾，无论你做得多好，还是有问题产生。该何去何从？这些，只是我新的思考中的一个。教育是一个多么大的难题，即便我们如此努力，还有这样那样的矛盾每天冲击着我们的神经，每天都有新的问题需要论证，需要思考，留给我思考的问题依然很多很多……

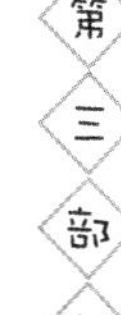




就在最近，我鼓起了勇气，不再避而不谈退班，而是做足了准备，和王小妞清晰地把所学课外班的时间分配、练习困难、学会的好处等做了全面的分析，让她自己决定取舍。老公怕我又去引导她作选择，特意亲自找小妞谈话，问了她三遍，结果小妞的答复是，现在学的东西她都很喜欢，除了暂时不想在学校练习钢琴，其他都希望继续进行。如果说小妞以前的“爱好”都是我引导出来的，那现在这个结果，真的令我自己都感到意外。没想到她真能做到不放弃，也是真心喜欢这些技艺。

我们夫妻之间很多事情都是这样，总在不断地讨论，还经常没有结论。但我俩有一个优点，就是有争论的时候不会叫嚷，更不会打架，而是根据孩子的感觉商量着做出调整。如果我觉得老公的话不对，也不会说出来，而是用其他的办法表达我的意见。比如，我会在晚上给老公念新闻，或者把准备好的笑话给他看，顺便念一些好文章。文章一般都是关于时事的，相互讨论一下。这些时候，我会收集一些跟他的观点相左的文章，借别人的嘴说出来。他若不改，反正不是我说的，继续听他反驳别人去吧；若他听进去了，潜移默化地改变了，那就更好。

说了这么多，我想告诉大家的就是，夫妻或家人之间出现分歧，不要非争个鱼死网破，谁必须妥协谁，完全可以迂回、艺术地解决问题，用“实际效果胜于雄辩”来对待。而实际效果都是有利有弊的，大家尽量商量解决，并肩面对。孩子总会长大，总有一天会离开我们，夫妻之间的感情也应该巧妙地维护好，不要为了一方认准的本无对错的教育观点，就一定让另一方妥协，伤了和气。

## 四 梦想能否再继续？规划未来未必错

以前我一直认同“不能让孩子去实现父母的梦想”这个观念，但现在我不这样想了。因为我现在带孩子做的所有的事，多多少少都有我小时候的梦想。我们活了几十年，对一些事物有很深的喜好，如果没有十足的理由，我们也很难一直喜欢它们。为什么不能让我们喜欢的事物、感受到的美好也让孩子体会、学会呢？重要的不是让孩子去实现梦想，而在于引导他们感受到这些事物的美好，让他们体会我们的感受，如我们一样热爱。这又有什么不好呢？

说到这儿，当今社会上有很多论调，类似于“爱学习的孩子长大发展还不如调皮捣蛋的孩子”“小时候让家长很骄傲的孩子，长大后会让家长失望乃至遗憾”。

其实就我自己的感触来说，孩子都有自己的个性，家长各自的追求也都不一样，连对孩子发展结果的评价标准都不一样，又怎么讨论谁的教育方式对，或谁的教育方式错呢？

每个人的人生只有一遍，每个人的经历都不同。应该说，教育本身对孩子发展的最终结果也没有完全的因果对应的关系。我觉得，除了人品问题，在不影响别人的情况下，应该尽量顺应孩子的感受，寻找孩子乐于接受的方式来教育孩子，这就是好的教育方式。

其实到孩子4岁后，你就会发现，如果没有足够的耐心，即使你想把想法硬塞给他们，也是极度困难的。这些小精灵才不会由着你折腾，如果你强迫下去，就算孩子今天没有能力反抗，但也会伤害亲子关系，那么你再好的教育理念也于事无补了。

其实孩子怎么样我们都会爱他们，只要他们能平安、幸福、快乐地长大成为一个不拖社会后腿的人，就够了。家长给孩子的影响并不是他们所受教育的全部，如果我只热衷表面的教育，逼着孩子练琴、按着孩子写日记、上辅导班，那就很难让孩子坚持下去。我所做的，是引导孩子去喜欢上音乐，喜欢上文学，因为我觉得这些都是很美好的东西，只要给孩子一点时间，让孩子认识到这些事物的价值，他（她）肯定会爱上这些美好的事物。正是出于这种信心，我才一直坚持引导孩子，教育孩子要有毅力、有恒心。

当然，孩子真正的人生是怎样的，最终会由他（她）自己来掌握，我们能做的无非就是引导他们发现美好，从而做出选择。

最后，我想引用著名学者、作家周国平的一句名言来表达我的观点："爱好完全要是真性情，而不是为了某种外在的利益，例如，金钱、名声之类。喜欢做这件事情，只因为觉得事情本身足够美好，被美好而吸引。"

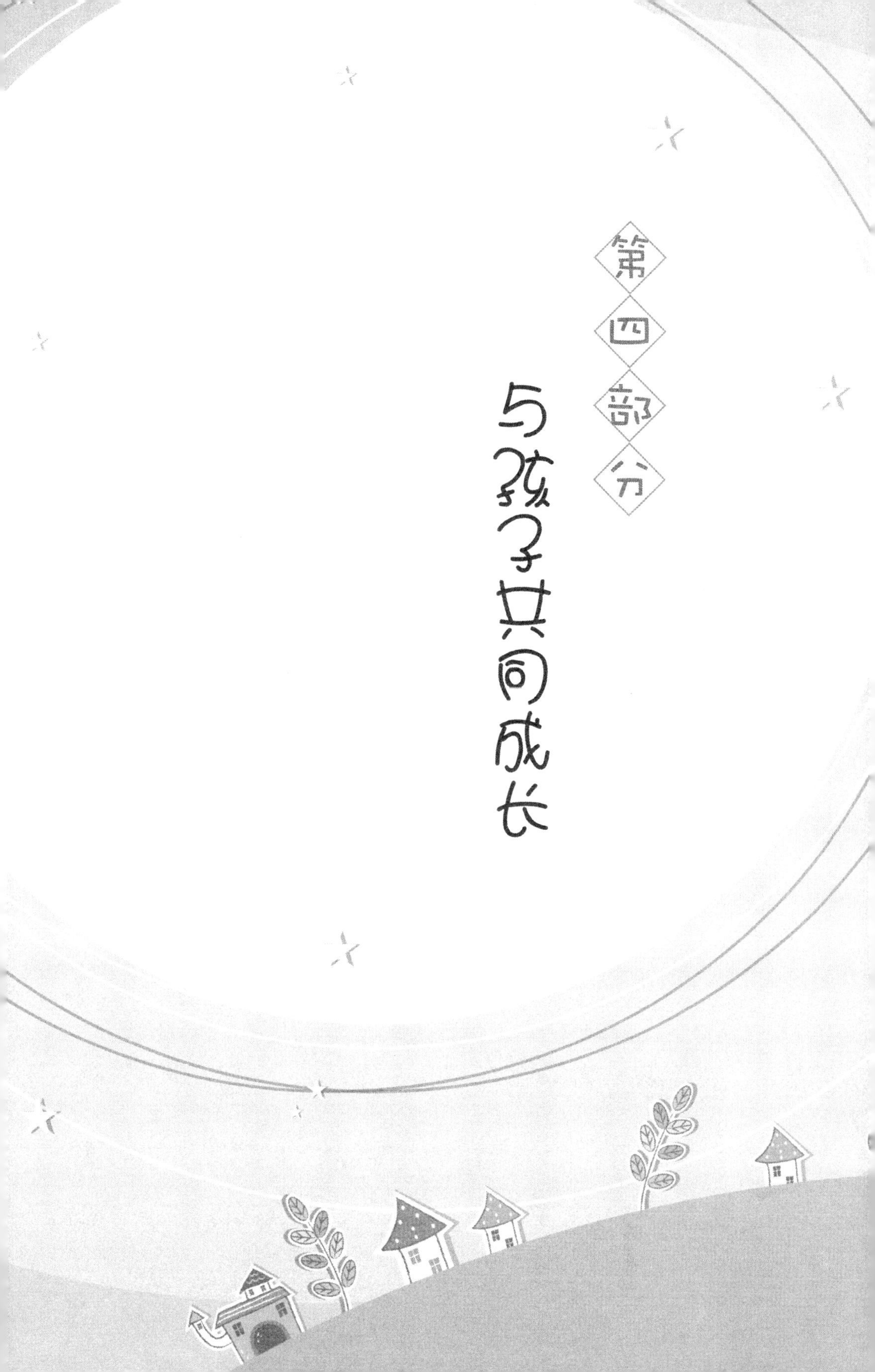

# 第四部分

# 与孩子共同成长

## 一 心态教育第一位，带着童心闯世界

带孩子学了这么多东西，今后还会学习更多。不管孩子走多远，我知道终归还是会有她走不动的时刻。我常常会想，最重要的是要带她学到什么。

我常告诉小妞：“不管什么爱好或本领，如果只是要达到自己满意的程度，那是很容易的。再难听的歌，自己弹起来高兴就好；再难看的字，写出的内容自己感动就好。但如果想得到别人的赞美，想拥有社会的认可，想拥有掌声，就要达到更高的标准。要达到这个更高标准，就需要经历一个受磨炼的阶段，需要毅力，需要坚持，需要克服困难，需要妥协，甚至需要感受痛苦。而一旦突破了这个阶段，你将取得更大的成就感。所以，选择什么样的标准，在你自己；你的人生怎么走，也看你自己的选择。你能坚持多久，我就支持多久！妈妈不会强求。不过我希望你要学会真诚赞美，这是人生最大的美德；要学会辩证地看问题，很多事没有想象得那么好，也没有那么糟糕；学会为玩而学，即便没有

出类拔萃又怎样？什么都会点儿，总比不会强。人生有料才有趣，不怕半途而废，只怕没有体会！”

不管我们如何做，孩子的未来也没有固定的模样，不会因为她小时候学了什么，将来就一定会从事什么；更不会因为她不喜欢什么，就一定不会有所改变；不会因为今天慢一步，就万劫不复；更不会因为今天机会多，后面的人生就一定一帆风顺。但我们可以教会她用“游戏”的方式面对人生，去承受风雨，令必要的学习或坚持更有意思，让孩子带着童心闯世界。

其实现在想想，成功究竟是什么？还是自己的感受！你做了一堆伟业，别人都夸你能耐，但如果你心里不快乐，不喜欢自己所从事的一切，这样的成功能让你满意吗？你还是会痛苦！

像我这样的人，没人觉得我跟“成功”二字沾边，但我真的很享受我的人生！我觉得天天开心地活着，也热爱这世界上的一切，挺成功的啊！

所以说，虽然人们对成功有不同的定义，“成功论”似乎压得人们喘不过气，但归根到底还是要看自己的感受。乐于活着，开心地做自己想做的事，也享受努力带来的结果，就是成功。这是一种生活状态，不应该是某一个节点。让孩子有了这样富足的爱世界、爱自己的心情，就是教育的成功！

## 二 这个世界很美丽，换个想法会有趣

在一年级的下半学期，有一次，王小妞因放学的时候兴奋得难以自持，没有服从班干部的管理，不停说话，被留在了学校，单独面壁二十分钟。我去接她的时候，因为有过几次请家长谈话的经历，她并未惶恐，但依然情绪低落。也许是因为一个人孤单又没面子地站在校园里，所以很失落吧！

回来的路上，我对她说应该服从班干部的指示，因为集体的良好运转需要每一个成员遵守秩序，也告诉她，有一天她也会成为班干部。“你现在尊重别人，也会获得别人的尊重。虽然犯了一次小小的失误，让自己显得很特殊，但未必是件坏事。妈妈小时候就利用这样的机会，独自唱歌，去观察放学后校园里的情况，看老师们在做什么，还有多少学生在校园停留，也都很有趣啊。妈妈还把这些写到了作文里，因为有了不一样的经历和见识，妈妈的作文因此有独特的内容和感受，还得了满分，让我一个小小的失误成为了其他成功的基础。”

王小妞听后一下就高兴了，问我还有什么绝招没有，再分享给她几个。

生活是多彩的，固然有很多困难、不顺心和失误，但换个心态和方法，游戏地对待人生，可以让痛苦变得少一些，心情变得更好一些。我的孩子也许不会成为最优秀的孩子，但学会我的方法去面对人生，至少可以活得更开心，更满足。

朋友们都知道我是一个很懒惰、没有目标、没有梦想、特别知足的人，所以在别人眼中，根本与成功无缘。不管是工作中获得的“最佳员工”“销售冠军”等称号，还是生活上找到了“如意郎君”，拥有着十年如一日新鲜如初的婚姻生活，这些成绩都被家人和朋友们说是我运气好。对于这样的评价，我欣然接受。我也无所谓，反正我满意的生活就在眼前，是怎么来的都没关系。

但自从带孩子后，我仔细考虑过，这些收获不是靠运气，从天上掉下来的。没有梦想、没有需求是因为我什么都不特别在意。我可以开着“奥拓”，欣喜地觉得拥有它，不用特别好的车技就能入位，不用担心昂贵的维修费；我苦恼于开豪车虽安全，但一样要经历堵车的困扰，一样要手脚并用，神经紧张地驾驶，远不如在家躺着舒服；我会因为住过别墅，感受过孤单、冷清与上下楼的麻烦，从而怀念一个人住在四白落地的筒子楼里的时光，小小的面积可以一眼环绕，不会害怕。这些都是我不在意的。

但当我工作时因卖不出一套房、自尊心在滴血的时候，我会努力寻找所有关于楼盘优点的报刊宣传、新闻政策，把未来规划收集起来，整理成册，用荧光标注，在和客户短短的接触中，把楼盘所有的优势如清澈的泉水一般灌注给客户，让客户跟着我的阐述畅想着美好的未来。用我的工具，虽然同事们无法像我一样激情万丈、慷慨激昂地表达出来，但也大大提高了团队业绩。当我因为终身大事没落实，感到家人的压力时，我不是永远在家，享用着亲人和朋友们介绍的不合心意的好意，而是努力出击，利用婚介机构、网络频频相亲，并总结出很多经验：为了安全，要在尽量人多的公共场所见面；为了躲避婚托，要避免去小酒吧；为了不搭人情，尽量选择自助快餐，比如去麦当劳先点下饮料；为了能迅速抽身，去之前就说好半小时后有别的事情，万一喜欢再告诉对方事情取消了，以此大大提升了自己寻找到优质伴侣的概率。

我用乐观进取的方法，获得了我人生中最重要的收获。即便我不是老师眼中听话的孩子，不是领导眼里最勤快认真的员工，不算别人眼中的“成功人士”，但我以用心和独特的游戏思维，乐观地面对困境，让我的生活始终平静且满足。

前不久和王小妞聊天，我问她：“你长这么大，觉得活着是快乐多，还是痛苦多?”她说：“快乐多，痛苦也不少！那你呢?”我说：“我觉得快乐多。身边有那么多爱我的人，生活得如此富足，有可爱的孩子，每天过得如此有趣，能不快乐吗？最大的苦恼就是不能重新年轻一遍。”我接着问她：“那你的痛苦是什么?”小妞焦急地说：“我的痛苦嘛，其实也没什么，就是觉得长大得太慢了。我想到初中时拍一部微电影，高中学会物理后做小发明，还有好多好多事情，都是要长大才能做，我太着急了。”

我告诉她："人生每个阶段都有能做和不能做的事，会让你有小缺憾，但最重要的是，我们回不到过去。你现在为将来的事不开心，但当你到初中、高中的时候，还是有很多事情不能做，一样不开心。比如，那时候你还不能赚钱，不能独立居住，不能教育自己的宝宝……但当那天到来以后，你会和妈妈一样，开始怀念曾经的时刻。我要是你，我现在会高兴地过好每一天，把今天力所能及的事、能实现的愿望，尽可能地做够、玩够。因为如果你这样做完，等到以后回想起来，也许就不会有妈妈这样的苦恼了。"

王小妞听了一下就特别开心，似懂非懂地说："哦！我知道了，我现在要把所有能玩的东西玩个够，等到初中、高中，再把那会儿能玩的也都玩够了。每个年龄要把能玩的都玩够。"

我听了很高兴，说："对!"

我希望她真的能明白，好好对待现在的每一天。

## 三 家长当好"翻译家"，孩子会好不用怕

好的教育者就如同翻译，就好比很多内容很好的经书，如果不经翻译，读者是很难理解的；同样的教学内容，不同的教学方法却能导致孩子对学习的兴趣和成绩出现差异。老师的教育语言如果好，能直接缩小基础不好的孩子与聪明孩子之间的差距。

但这对"翻译"有个要求，就是要"翻译"你感兴趣的，或者你熟识理解的东西，知道哪些是要点。为什么说这些呢？因为我这几年把很多好的教育方法传授给一些感兴趣的妈妈，得到的反馈是，有的妈妈因为嫌麻烦无法实施，仅买了玩具，然后就让孩子自己玩去了；有的妈妈则因为个人喜好，甚至语气乃至和孩子的配合出现问题，结果实施后效果相差很大。

有些妈妈很困惑，问我是不是她们的小孩笨。怎么会呢？只有不够耐心的妈妈，哪里有笨的孩子！

有些聪明的妈妈按照我分享的内容，再根据自己孩子的喜好改编了

部分内容，路线不一样了，效果却极其显著，因为那是她们擅长传授的、她们喜欢的内容。只有你擅长的和你感兴趣的知识，才能更好地教给孩子。

例如，我自己也阅读过很多好妈妈的文章，但在实际操作中，我做不到去学习那些自己不够喜欢的事情，就算勉强为之，这个过程也让我觉得生疏且无趣，孩子的反应也和书里相差甚远，效果甚微，我就会失去信心，自己也懒得再继续了。比如，让我教小孩做饭，可以想象到，即便我把材料都编辑成魔法药水，炊具都形容成魔法武器，参考最好的菜谱，做出的味道也不一定好，孩子尝了肯定再也不吃了，更不会和我学了。因为我自己都会手忙脚乱，这样的魔法师只能是巫师。

再好比说，有的爸爸学我的游戏，买了玩具下楼也不会带孩子玩。他们那生硬的语气和严厉的目光，即便游戏再好也会吓跑孩子。

所以，一定要用自己喜欢的方式去延展好的方法，如果你的性格不适合，即便方法再好也会失去味道。这也是很多家长看了很多书却没有什么实质帮助的原因，只知其结，却不知其方。再好的“翻译”也要有耐心和热情，你不喜欢的事情不会做得特别好。

不管怎样，可能我不会变成勤快的好妈妈，不能成为让孩子引以为傲的榜样，但我一定不会重蹈覆辙，再也不会拒她于千里之外，而是会把她紧紧搂入怀中，用心地陪孩子长大。我对3岁之前的王小妞没有用过心，后面我会加倍补偿。孩子很快就会长大，那时我就真的再也抱不动她了。我已经失去了那么多呵护她的时机，不能再放过任何一个抱起她的时刻。

我带孩子的这几年里，因为认真地陪伴她，获得了孩子的极大认可。王小妞说，等她长大以后，也要和我一样认真地陪孩子玩。我也获得了妈妈圈的极大认可，因为我无偿提供了无数辛苦搜索或想出的资源和方法，而这些付出最后也全都回馈到了我的身上。通过带孩子，我还明白了，想成功要有目标和方向，机会就在不远处。

我这样一个迷茫的妈妈，在不断努力用心扭转局面的行动中，竟然也有了更多的想法，第一次体验到了勇气和责任。建立图书角，完成各种组织活动甚至写书，这些都是我原来连想都不敢想的事情。我现在坚信，在我和孩子不断地前行中，更多计划以外的成功在等着我们。重要的就是先去做！

带孩子的种种经历和收获，让我的人生体验更丰富了，我现在深深体会到“为他人服务更快乐”的道理，这种快乐的动力更能激发人的潜能。与其说我在成就孩子，不如说因为孩子成就了我自己，让我重新认识了崭新的自我，我很感谢有她。

亲亲，我的宝贝王小妞！谢谢你赐予我新的快乐与激情，有了你，我的世界更加精彩，充满生机！

# 后记

截止到今天的这个时刻，我的经历讲完了。这是我30多岁以来，对相对清晰的几年时间的一个总结，献给8岁前的王小妞，作为她童年期间的一个礼物。也希望等她到当妈妈的时候，能以此为鉴，更早地觉醒和创新，让我们的后代能更自然地接受知识。

人性本是好学的，这是一种本能。若真是随心而学，肯定是充满快乐的。只是在千篇一律的学习方法和枯燥过程中，孩子们变得苦恼、厌学。

在现阶段，科学证明人在年轻的时候，因为记忆力好，如果采用更为高效的学习方式，有利于今后知识的更好利用。所以，和适应社会一样，在我们不能改变社会的前提下，只能自己找更多好的教育方法让孩子轻松一点、快乐一点、乐学一点。在家长们日复一日的示范中，既做到了言传身教，也给予了孩子更多兴趣，让他们学会利用工具、处理问题，并锻炼互相帮助、相互扶持的能力。相信聪明的孩子们会随着年龄的增长，积极乐观地自己运用这些能力，克服更多的困难。

现在，王小妞并不是学校里最优秀的孩子，依然有很多不足，比如还是不够勇敢，对自己要求也不够严格。可她对学习的热情丝毫未减，经常说想了解更多的知识。她说："学习能让玩的游戏更复杂，还有什么比这个更好？"这难道不是我们家长最想达到的目的吗？让孩子带着探索的眼光走入学校，带着求知的愿望走进课堂，带着乐观的心拥抱世界！即便小妞在一年级上半学年的成绩除了体育都是"优"，我仍然相信她不是单纯为了分数而去学习的。她现在有太多梦想，她对人生有太多愿望，她喜欢学习，是因为觉得世界真奇妙，想要更好地了解它！

我姐夫跟我说："我的宝宝瞬间就长大了，也不让抱了，你现在可要珍惜孩子最可爱的时候，尽情地抱抱她。"

我现在经常要求王小妞让我抱抱，她却因为心疼我腰疼，总是拒绝，让我说不出滋味是苦是甜。看着这可爱的精灵在快乐中翅膀越来越丰盈，我都有失落感了。

现在觉得自己也像一个装满子弹的战斗机，根本不担心没油，只怕敌人太少，狙击时间太短，不能让我享受更久、更刺激的与孩子一起奋斗的美好时光。我能做的就是坚守这瞬间，尽可能地留下光辉，它会照耀着我，也会点亮孩子的人生。

好的家长就像翻译，把"原著专家的理念"用最通俗易懂的儿童游戏语言让孩子明白。很多发明都是懒人创造的，而这本书也鼓励所有如我一样的懒妈妈，在拥挤不堪的城市中，如果懒得走出门，就自己在家用心发明些小游戏，既可以少花钱，又节约孩子成长中的学习成本和宝贵时间，让孩子更多地享受生活，不用疲于在培训机构中穿梭。在和谐美好的亲子关系中，吸收游戏能量，知识、玩乐两不误，身体精神都健康，培养出对世界充满兴趣和热爱，有知识又会玩的快乐宝贝。

如果你有时间阅读大量的育儿书籍，一定知道学前教育是多么的重要。现在美国等欧美国家，甚至在争议学前儿童的母亲该不该工作；如果母亲要工作，能否保质保量地照顾孩子。他们甚至要求在宪法中延长妈妈们的产假至孩子3岁，可见人们对学前教育的重视。

通过这本书，希望能让很多新妈妈在沉睡中如雄狮般觉醒。也许你们会期待续集，也许我会读到你们编写的续集，但我更希望的是能继续有白纸让我们注墨。

可我知道，时光飞逝，总有一天想写也许都没地方起笔，只剩下数码和影像了。让我们珍惜这个还有纸墨的年代，这些记录下的时刻能让我们在年老的时候，在夕阳下，藤椅上，满足地回味……

# 感谢篇

在此，我首先要感谢我的父母培养我成人。即便在我小时候有这样那样的不满意，但我现在已经懂得，父母已经在尽自己最大的努力去培养和照顾我了，甚至到今天还对我无限溺爱。

不管儿时的教育有多少磕磕绊绊，也不管现在的生活琐事中还有多少争论，但父母还是教会了我最重要的东西——怎样做人。女儿非常感谢你们，爱你们！在温馨的家庭和你们无微不至的照顾下，我这棵歪歪扭扭的“小树”，最终还是长成了有所作为的人。

其次，我要感谢我的先生。即便你经常会像都教授一样说话不留情面，但你用正气凛然的做人方式和温柔的等待，“放养”式地等待我的觉醒与成长。在认识你的10年中，我看到了自己太多的不足，我在不断地加以修正，并学会放慢脚步，用辩证的态度，宽容的心态，崭新的视角，迎接新的生命。

而亲爱的宝贝王小妞，有了你，我才懂得了责任，知道了付出才最快乐，利人才能利己，做了才有收获。感谢你让我把这些“知道”，变成“懂得”。但是我最想懂得的事情，就是我做的这些事情使你快乐吗？我希望有一天，你读这本书的时候，回忆起这些我们一起走过的时光，能够感到非常快乐，那我就真的可以骄傲自豪地说“妈妈的教育是成功的”，而不是来自他人的评价。即便结果不是我所期待的，但妈妈还是想告诉你，妈妈很努力地做了，很抱歉，没有做到更好。但是和你一起走过的岁月和这些细碎的片段，是我一生最美的回忆。

我还要想感谢我的姐姐、姐夫、大姑、老姑。你们这些过来人，时时刻刻地给我的教育提供着意见，把好的经验都传递了给我，以便我不断地借鉴和思考，从而想出适合王小妞的教育方法。

我还要感谢身边的朋友，是你们的支持使我进步，也给了孩子最好的“合作才是力量”的说明。

最后感谢编辑卢媛媛，用心编辑我的作品，让此书得以出版，让我在这世上的众多图书中留下一点痕迹，这样的感觉真好。